Siegfried Kratzer

Gegen Krieg, Massenmord und Tyrannei

Dietrich Bonhoeffer, Hans von Dohnanyi und die anderen Widerstandskämpfer der Deutschen Abwehr unter Admiral Wilhelm Canaris

Mit einem Geleitwort
von Helmut Donat

Donat Verlag

Bibliografische Information der Deutschen Bibliothek
Die Deutsche Bibliothek verzeichnet diese Publikation
in der Deutschen Nationalbibliografie; detaillierte
bibliografische Daten sind im Internet über
http://dnb.ddb.de abrufbar.
ISBN 978-3-949116-17-9

Borgfelder Heerstr. 29 D-28357 Bremen
Telefon: (0421) 1733107
E-Mail: info@donat-verlag.de
www.donat-verlag.de

Lektorat: Helmut Donat, Bremen
Umschlag: Christoph Ranzinger, München (Idee),
Toni Horndasch, Bremen (Gestaltung und Ausführung)
Druck: Dardedze hologrāfija GmbH, LV-1073-Riga

Inhalt

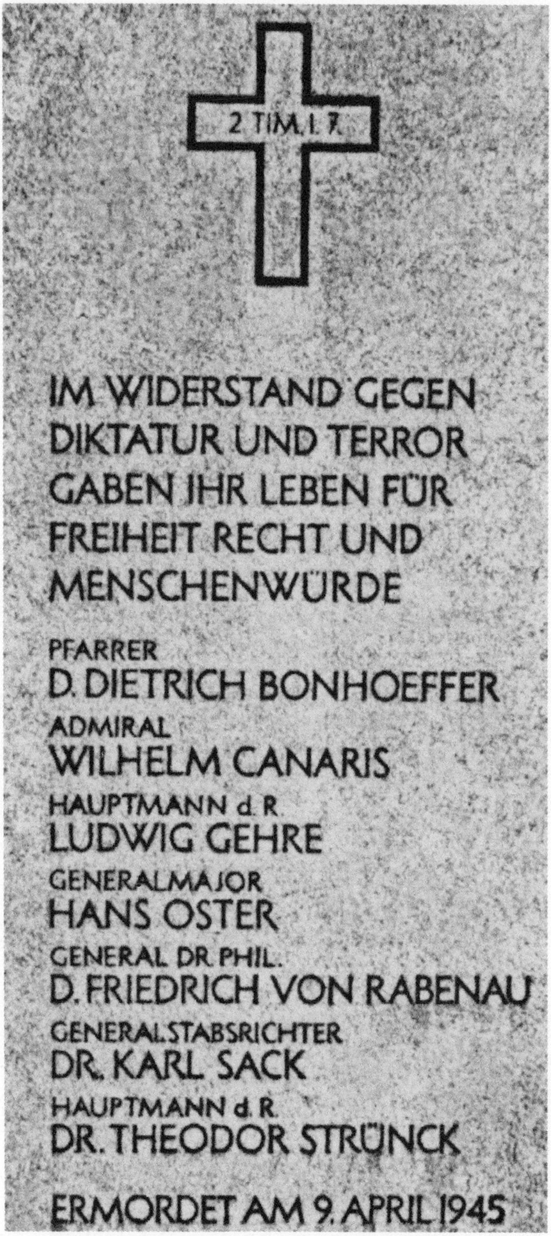
2 TIM. I. 7.
IM WIDERSTAND GEGEN
DIKTATUR UND TERROR
GABEN IHR LEBEN FÜR
FREIHEIT RECHT UND
MENSCHENWÜRDE
PFARRER
D. DIETRICH BONHOEFFER
ADMIRAL
WILHELM CANARIS
HAUPTMANN d. R
LUDWIG GEHRE
GENERALMAJOR
HANS OSTER
GENERAL DR. PHIL.
D. FRIEDRICH VON RABENAU
GENERALSTABSRICHTER
DR. KARL SACK
HAUPTMANN d. R.
DR. THEODOR STRÜNCK
ERMORDET AM 9. APRIL 1945

Zum Geleit

Bei Führungen im Konzentrationslager Flossenbürg, aber auch in der Literatur, erfährt der Besucher oder Leser viel von Dietrich Bonhoeffer. Die anderen, hier am 9. April Hingerichteten, finden hingegen kaum oder viel zu wenig Beachtung. In der Regel unterbleibt auch ein Hinweis auf Hans von Dohnanyi, so als gehörte er nicht dazu. Liegt es nur daran, dass die NS-Schergen ihn an anderer Stelle ermordeten? Oder hat es vielleicht damit zu tun, dass er im Unterschied zu manch anderen Vertretern des Widerstandes im militärischen Bereich nicht erst seit 1933, sondern bereits in den Jahren davor ein NS-Gegner gewesen ist? Von ihm lässt sich nicht sagen, dass er – im Unterschied zu vielen anderen – zu dem Weg, der in das Dritte Reich und in den Zweiten Weltkrieg geführt hat, einen Beitrag geleistet hat. Es dürfte kein Zufall sein, dass Hans von Dohnanyi zu den Männern im „Amt Ausland/Abwehr“ des Oberkommandos der Wehrmacht gehörte, wo sich die aktivsten Widersacher der Militäropposition befanden.

Das vorliegende Buch bringt in Erinnerung, was bislang allzu sehr im Verborgenen schlummerte. Der entscheidende und zumeist nicht wahrgenommene Einfluss von Hans von Dohnanyi auf Dietrich Bonhoeffer ist deutlich vor Augen geführt, wie auch seine Charakterstärke und herausragende Standhaftigkeit selbst in übelsten Verfolgungslagen. Beide gehören sie zu den Deutschen, die nicht nur weit über den „militärtypischen Tellerrand“ hinausgewiesen, sich aus politischen, religiösen und humanitären Gründen gegen das NS-Regime gewandt sowie die Folgen ihrer Widerstandshandlungen – Haft, Folter, Tod – auf sich genommen haben. Warum gibt es für sie – oder für einen Georg Elser – keinen nationalen Gedenktag? Ist ihr Mut und Opfertod nicht bedeutend, sinnstiftend, anerkennens- und würdigenswert genug? Oder liegt es daran, dass sie mehr oder weniger „nur“ Zivilisten waren?

Nicht zu vergessen ist: Persönlichkeiten wie Hans von Dohnanyi lebten verlassen und verfemt im deutschen Volke. Auf Schritt und Tritt von Spionen, Denunzianten, Todfeinden umgeben, waren sie eine hoffnungslos kleine Minderheit in der von Propaganda verhetzten und verdummten Masse. Während

Dietrich Bonhoeffer (links) und Hans von Dohnanyi

andere es vorzogen, am Leben zu bleiben und nichts zu tun, gingen sie das Risiko ein, alles zu verlieren – außer ihrer Unschuld.

Zurecht stellt der Autor die bedeutende Rolle von Admiral Wilhelm Canaris dar, ohne dessen nicht unbelastete Vergangenheit auszusparen. Im Zusammenhang mit der Frage, wie es dazu kam, dass der Widerstand der „Abwehr" entdeckt worden ist, beleuchtet der Autor die zweifelhafte Haltung von Josef Müller, der in CSU-Kreisen weiterhin als Widerstandskämpfer gilt, obwohl er an der Arisierung jüdischer Vermögen beteiligt war und auch nach dem Krieg ins Zwielicht geriet.

Für den Verleger ist es stets eine besondere Freude, wenn er durch „seine" Autoren dazulernt und zu neuen Einsichten gelangt. Siegfried Kratzer hat mich mit seinen Ausführungen bereichert, und ich hoffe, dass die Leser und Leserinnen es ähnlich empfinden werden.

Bremen, im Februar 2023 Helmut Donat

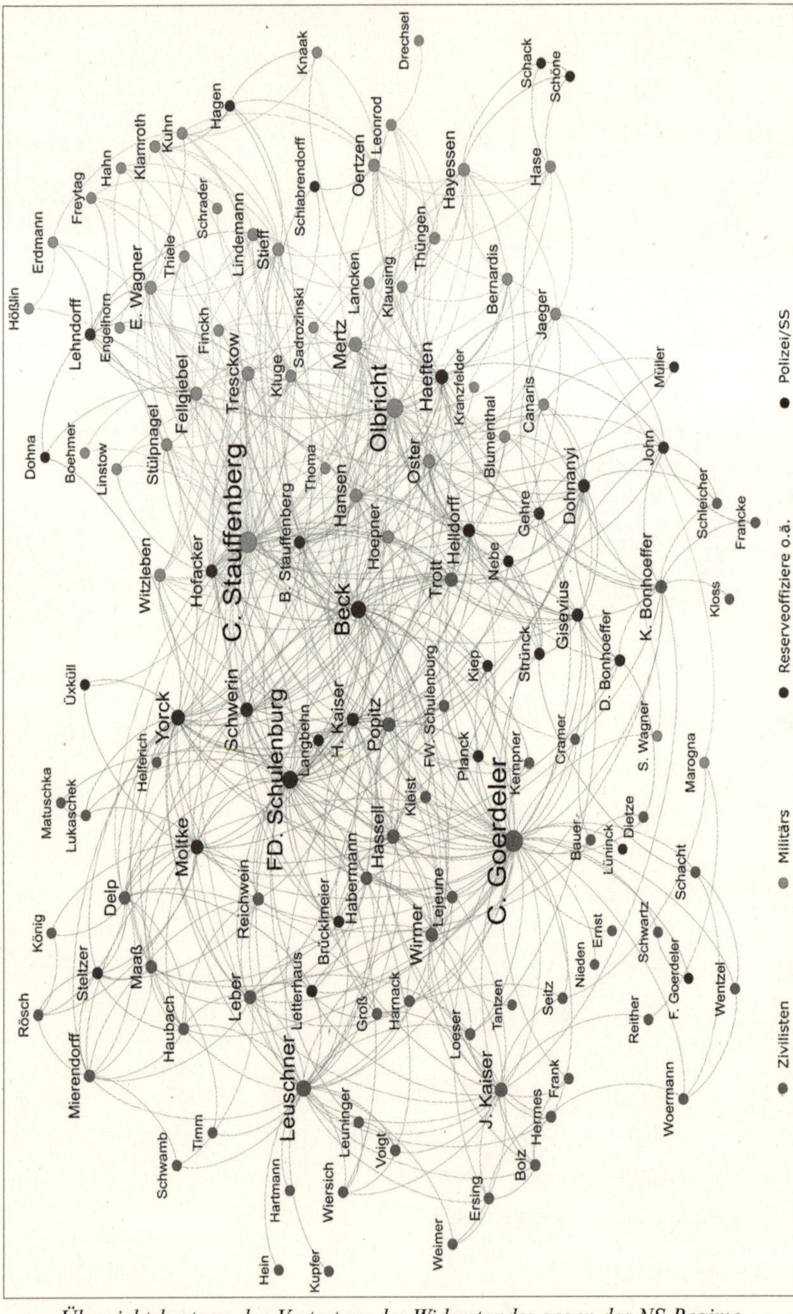

Übersichtskarte zu den Vertretern des Widerstandes gegen das NS-Regime

Einführung

An der Westwand des Arresthofes der KZ-Gedenkstätte Flossenbürg stehen auf einer Gedenktafel die Namen von Widerstandskämpfern der Deutschen Abwehr (siehe Seite 7). An diesem Ort wurden sie am 9. April 1945 hingerichtet. Viele dürften sich beim Namen von Dietrich Bonhoeffer an sein Gedicht „Von guten Mächten wunderbar geborgen" erinnern. Es wird heute noch oft als Gebet gesprochen oder als Lied gesungen.

Wer aber sind die Anderen? Über sie ist nur wenig bekannt. Zu ihnen gehörte auch ein Gegner des NS-Regimes, der nicht auf der Gedenktafel steht: Hans von Dohnanyi – Dietrich Bonhoeffers Schwager und wohl auch sein Freund. Noch immer ist zu wenig bekannt, welche besondere Bedeutung er im Kampf gegen das NS-Regime einnahm, abgesehen davon, dass Bonhoeffer erst durch ihn zum aktiven Widerstand gekommen ist. Hans von Dohnanyi ist vermutlich ebenfalls am 9. April 1945 ermordet worden – allerdings nicht in Flossenbürg, sondern im KZ Sachsenhausen.

Die Widerstandskämpfer um Wilhelm Canaris stellten innerhalb der deutschen Opposition gegen Hitler nur eine sehr kleine Gruppe dar; doch bestanden vielfältige Verbindungen zu anderen Kreisen, die das gleiche Ziel verfolgten.

Beim Betrachten der Abbildung auf Seite 10 mag sich zunächst der Eindruck einstellen, dem NS-Staat stand in Deutschland eine große Gegnerschaft entgegen. Bedenkt man aber, dass die meisten Deutschen für Hitler und für die Abschaffung der Demokratie gestimmt haben – weil sie sich wirtschaftlichen Aufschwung und nationale Größe versprachen – dann war die Zahl derer, die Widerstand gegen das verbrecherische System geleistet haben, doch sehr klein, um nicht zu sagen, verschwindend gering. Sie sahen nicht nur im NS-Regime einen Feind; sie hatten auch den Großteil der deutschen Bevölkerung gegen sich.

Selbst lange nach dem Krieg waren die Männer und Frauen des NS-Widerstandes in den Augen von vielen Deutschen Volks- und Landesverräter. Offiziell sind erst im Jahr 2009 durch den Deutschen Bundestag alle nationalsozialistischen Unrechtsurteile aufgehoben worden. Fortan gelten die einst zum Tode Verurteilten nicht mehr als Landes-, Hoch- und Kriegsverräter.

Auch Dietrich Bonhoeffer hielt man nach dem Krieg noch in vielen kirchlichen Kreisen für einen Theologen und Pfarrer ohne patriotische Gesinnung. Erst allmählich änderte sich die Einstellung zu und der Umgang mit ihm. Nach und nach wandelte er sich zum mutig kämpfenden Christen, zum Vorbild und Beispiel für „christlichen Widerstand". Inzwischen sind zahlreiche Kirchen, Gemeindehäuser und Straßen nach ihm benannt.

Durch sein zu Herzen gehendes Gedicht und Gebet „Von guten Mächten wunderbar geborgen" – in der letzten Phase seines Lebens im Kerker geschrieben – ist er inzwischen weit über die Landes- und Konfessionsgrenzen hinaus bekannt. Sicher hat das auch dazu beigetragen, dass man heute mehr von seinem Widerstand und weniger von den anderen innerhalb der Deutschen Abwehr spricht, obwohl sie an einem Strang zogen und schließlich – mit einer bzw. zwei Ausnahmen – alle den Gewalttod erlitten.

Als der Autor Ende der 1960er Jahre mit seinem Vater in einer rechtlichen Angelegenheit den Rechtsanwalt Otto Thorbeck aufsuchte, wusste er nicht, dass vor ihm jener ehemalige NS-Richter stand, der in Flossenbürg die Todesurteile verkündet hatte. Im Laufe der Nachkriegsjahrzehnte ließ sich in der deutschen Öffentlichkeit immer weniger verbergen, dass viele frühere Nazi-Richter bis hinauf zu Mitgliedern des Bundesgerichtshofs wieder zu Amt und Würden gekommen sowie straffrei geblieben waren. In den Verfahren gegen Otto Thorbeck, die mit seinem Freispruch endeten, hatte dieser stets behauptet, dass seine Flossenbürger Todesurteile rechtens gewesen seien. Die Vollstreckungen sind aus damaliger und heutiger Sicht als Mord zu bewerten.

Die folgenden Ausführungen mögen verdeutlichen, mit welchem Mut und welcher Willens- und Glaubenskraft Hans von Dohnanyi, Dietrich Bonhoeffer und ihre Mitstreiter den Kampf gegen Unmenschlichkeit und Unrecht aufnahmen und bis zum eigenen bitteren Ende führten – und dennoch nicht verloren haben.

Die Widerstandskämpfer der Deutschen Abwehr

Wilhelm Canaris[1]

Wilhelm Canaris wurde am 1. Januar 1887 in Aplerbeck, einem Stadtteil von Dortmund, als drittes Kind des Ehepaars Carl und Auguste Amelie Canaris geboren. Der Stellung des Vaters als Hüttendirektor verdankte die Familie einen beachtlichen Wohlstand, so dass Wilhelm nach der Übersiedlung seiner Eltern nach Duisburg-Hochfeldt mit seinen Geschwistern in einem Haus mit großem Garten und eigenem Tennisplatz aufwuchs. Die Vorfahren von Wilhelm Canaris – im 17. Jahrhundert aus Italien (Comer See) eingewandert – waren ursprünglich katholisch gewesen. Wilhelms Großvater väterlicherseits ist bei seiner Heirat evangelisch geworden. Auguste Canaris stammte aus einer protestantischen Familie, neigte gleichwohl zum Katholizismus. Die Eltern von Wilhelm Canaris waren religiös, aber ohne starke konfessionelle Ausprägung.[2]

Schon als kleiner Bursche fielen seine Lebensfreude und bemerkenswerte Beobachtungsgabe auf sowie sein Drang, den Dingen auf den Grund zu gehen. Ebenso sind seine hervorragenden Geschichts- und Geographiekenntnisse, seine Sprachbegabung, sein Humor und sein phänomenales Gedächtnis hervorzuheben.[3] Diese Eigenschaften sollten ihn als späteren Admiral und Nachrichtenchef besonders auszeichnen. „Nationalbewusstsein, Liberalismus und Hang zum Künstlerischen“[4] stellten die Grundpfeiler seiner Erziehung dar.

Auch wenn sich in späteren Jahren der Gottesdienstbesuch mit seiner Frau und den beiden Töchtern nur auf die hohen Festtage beschränkte, empfand Wilhelm Canaris sich doch als ein tief religiöser Mensch, was sich besonders in seiner Liebe zu Tieren und Pflanzen ausdrückte. Hier soll er „seine ganze Güte und menschliche Zartheit“[5] entfaltet haben, eine Sensibilität, die auch den Umgang mit seinen Untergebenen kennzeichnete.

In der Weimarer Republik arbeitete der ehemalige U-Boot Kommandant und Fregattenkapitän des Ersten Weltkrieges eng mit verschiedenen rechtsgerichteten Freikorps zusammen. Insbesondere pflegte er Kontakte zu der terroristischen „Organisation Consul“ (OC), die unabhängig von der NSDAP aus ihrer feindlichen Haltung gegenüber der Weimarer Republik keinen Hehl machte. Hermann Ehrhardt, Leiter der mordenden, deutschnational und antisemitisch gesinnten Vereinigung, soll ein enger Freund von Canaris gewesen sein. Der Organisation selber gehörte Canaris nicht an. Gleichwohl ist es schwer vorstellbar, dass ihre mörderischen Aktionen ihm nicht bekannt gewesen seien oder er sie abgelehnt oder verurteilt hätte.

Viele Jahre später, als die Weimarer Republik längst der Vergangenheit angehörte, fühlte er sich zusammen mit Generalstabschef Halder und Staatssekretär von Weizsäcker mehr einer „Antikriegs-Partei" zugehörig, die sich aber erst 1938 informell gebildet hatte.[6] Mitglieder der OC gehörten, von Canaris reaktiviert, inzwischen als Mitarbeiter der Abwehr an.[7]

Als Canaris deren Leitung beim Oberkommando der Wehrmacht im Bendlerblock übernahm, wusste er sehr wohl, dass gewaltige Aufgaben und Probleme auf ihn zukamen. Vor allem galt es – im Zuge der Vergrößerung der Wehrmacht – die gesamte Organisation der Abwehr zu erweitern, sie zu dezentralisieren und nunmehr alle Wehrmachtsteile, also Heer, Luftwaffe und Marine, mit den dafür militärisch nötigen Aufgaben auszustatten. Hitler traute ihm die Lösung der Probleme offenbar zu, wohl nicht zuletzt aufgrund seiner Erfahrungen und Bewährung in der Vergangenheit.

Es lässt sich nicht genau sagen, wann Canaris auf kritische Distanz zu Hitler und der NS-Regierung ging und wann in ihm der Plan reifte, Widerstandsmaßnahmen zu ergreifen und mit anderen NS-Gegnern in Verbindung zu treten. Vermutlich handelte es sich um einen längeren Prozess. Der nationalsozialistische Judenboykott, die zunehmend brutaler werdende Verfolgung der Juden[8], die Blomberg-Fritsch-Affäre[9] und das brutale Vorgehen der Wehrmacht in den Kriegsgebieten gehörten mit Sicherheit zu den Gründen für seinen Sinneswandel, den er aber geschickt zu verbergen wusste. Am 10. Oktober 1939 hielt er beim Anblick der zerstörten Stadt Warschau Folgendes in seinem Tagebuch fest: „Gottes Gerechtigkeit wird über uns kommen."[10]

Anders als der Leiter seiner Zentralabteilung, Hans Oster, und dessen Mitarbeiter Hans von Dohnanyi, wollte Wilhelm Canaris keinen gewaltsamen Tod des Führers.[11] Dennoch brachte er Oster und Dohnanyi größtes Vertrauen entgegen und unterstützte sie tatkräftig beim Aufbau eines Widerstandskreises

Wilhelm Canaris

innerhalb der Deutschen Abwehr. Ihr gemeinsames Ziel war es, das Ende der nationalsozialistischen Herrschaft herbeizuführen.

Canaris wusste, dass im Reichssicherheitshauptamt (RSHA) zwei besonders misstrauische und eifersüchtige Gegner saßen. Reinhard Heydrich und Walter Schellenberg, die Leiter des Sicherheitsdienstes (SD) der SS und der allgemeinen Abwehr, wollten zusätzlich die Aufgaben der militärischen Abwehr im In- und Ausland an sich ziehen. Auch deshalb waren beide darauf aus, Canaris Fehler nachzuweisen, um ihn sodann zu entmachten. Ein wesentlicher Sicherheitsfaktor für Canaris war, dass ihn der Chef der Polizei, SS-Reichsführer Heinrich Himmler und auch Adolf Hitler wegen seines überragenden Wissens und seines in der Vergangenheit stets klugen und überlegten Handelns schätzten und bewunderten. Auch befand sich Canaris mit Walter Schellenberg in einem weitgehend guten Einvernehmen, wofür z.B. der gemeinsame wöchentliche Ausritt im Tiergarten spricht, während er sich mit Reinhard Heydrich im Sommer immer wieder zu Grillfesten im benachbarten Garten traf. Nach dem Attentat soll er sogar mehrmals bekundet haben, dass er mit Heydrich einen guten Freund verloren hätte.

Trotzdem war sich Canaris stets bewusst, dass seine Gegner – ausgestattet mit den zentralistischen Machtmitteln der SS – für ihn und die „Abwehr" eine ständige Gefahr darstellten. Bei Heydrich befürchtete Canaris zusätzlich, dass dieser – auf Grund seiner unehrenhaften Entlassung aus der Marine zwölf Jahre zuvor – nach Vergeltung trachten könnte.[12] Er durfte also keine großen Fehler begehen, was das Ende der unabhängig von der SS arbeitenden Deutschen Abwehr bedeutet hätte.

Auch wenn er sich gegenüber seinen Gegnern im Reichssicherheitshauptamt (RSHA) in der Prinz-Albrecht-Straße intellektuell und taktisch weit überlegen fühlte, Canaris blieb vorsichtig und wachsam. Zudem hatte er bei den insgesamt 13 000 Offizieren, Soldaten und Angestellten im eigenen Haus am Tirpitzufer[13] und in den nahezu vierzig Abwehr-Außenstellen im In- und Ausland nicht nur Freunde und Befürworter. Ihm war das Gerücht bekannt, dass „der alte Weißhaarige" wegen der Aufnahme mehrerer Zivilisten als Mitarbeiter – darunter auch Hans von Dohnanyi – gar nicht mehr so recht wisse, was in seinem Haus geschehe.

Hans Oster[14]

Hans Oster wurde als jüngstes von fünf Kindern am 9. August 1887 in Dresden geboren. Sein Vater war Pastor der dortigen reformierten französischen Gemeinde. Die Eltern stammten aus dem Elsass. Eine besondere Beziehung hatte Hans zu seiner älteren Schwester Marie, die nach dem Tod der geliebten Mutter – Hans Oster war siebzehn Jahre alt – noch formenden Einfluss auf ihn ausübte. Die religiöse Erziehung im Hause Oster blieb moderat, aber Lügen und Stehlen galten als besonders schlimme Verstöße gegen die Gebote Gottes. Erst im Konfirmandenunterricht kam Hans mit religiösen und theologischen Fragen in Berührung, wobei die Schriften Luthers sein besonderes Interesse weckten. Später bezeichnete sein Sohn den eigenen Vater „als einen lutherischen Christen, der allerdings nie viel Aufhebens von seiner religiösen Überzeugung machte."[15]

Auf dem Rittergut Schnaditz seines Schwagers Martini entdeckte Hans Oster seine Liebe zu Pferden, was letztlich auch dazu führte, den Beruf eines Offiziers bei der Artillerie zu wählen.[16] Als er sich kurz vor dem Beginn des Ersten Weltkrieges auf der Rennbahn beide Hände brach, war seine einzige Sorge, vor Ende des Krieges nicht an der Front gekämpft haben zu können. Ende 1932 entließ ihn die Reichswehr wegen einer Affäre mit der Frau eines Reserveoffiziers aus der Wehrmacht.[17] Bereits ein Jahr später beantragte Wilhelm Canaris, Oster in der Spionageabwehr außerhalb der Wehrmacht einzusetzen.

Hans Oster zählt zu den „Köpfen des militärischen Widerstandes". Seit dem Hitlerputsch von 1923 stand er als Generalstabsoffizier der NSDAP kritisch gegenüber. Der Röhm-Putsch 1934 bestärkte ihn in seiner ablehnenden Haltung der NS-Bewegung. Führend war er 1938 an den Umsturzplänen gegen Hitler beteiligt. Ende 1938 zum Leiter der Zentralabteilung der Deutschen Abwehr ernannt, zählte er damit zu Wilhelm Canaris' wichtigstem Verbindungsmann zum militärischen Widerstand.

Hans Oster

In bewegenden Worten beschreibt Franz Liedig[18] nach dem Krieg, dass sich sein Freund Hans Oster die Entscheidung für den Widerstand nicht leicht gemacht, sich dann aber mit hoher Energie und Willenskraft ganz in den Dienst dieser Aufgabe gestellt habe. Wie Hans von Dohnanyi sammelte auch er Beweise für spätere Prozesse gegen die NS-Führung. Des Weiteren verriet er dem mit ihm befreundeten holländischen Militärattaché Sasse vorzeitig den geplanten Termin der Westoffensive, der ihm allerdings keinen Glauben schenkte.

Hans von Dohnanyi

Hans von Dohnanyi zählt zu den wichtigsten Gegnern des NS-Regimes. Seinem Beispiel folgend, geriet Bonhoeffer in den aktiven Widerstand. Am 1. Januar 1902 wurde er – vier Jahre vor Bonhoeffer – in Wien geboren. Wenige Tage später ließen die Eltern ihren Sohn römisch-katholisch taufen. Der Vater von Hans war der berühmte ungarische Komponist und Musiker Ernst von Dohnányi; seine Mutter die Pianistin Elisabeth Kunwald. 1905 erhielt der Vater eine

Hans von Dohnanyi

Dozentur an der Berliner Musikhochschule und 1908 die Ernennung zum Professor. Dohnanyis Mutter ist bei ihrer Heirat zur katholischen Konfession konvertiert.

Wie Dietrich Bonhoeffer wuchs Hans – nach seiner frühkindlichen Prägung durch Wien und Budapest – in den großbürgerlichen Verhältnissen Berlins nahe der Familie Bonhoeffer auf. Auch seine Eltern hatten mehrere Bedienstete – darunter ein Hausmeisterehepaar, Zimmermädchen, einen Butler und eine französische Gouvernante, die für den Haushalt und die Erziehung der beiden Kinder sorgte. Die Atmosphäre in der Villa in Grunewald war für Hans und seine ein Jahr jüngere Schwester stark musisch geprägt. Beide Kinder, täglich von viel Musik umgeben, waren hochbegabt. Doch neigte Hans mit seiner sensiblen und sprachlich gewandten Art mehr zum Literarischen. Ebenso entdeckte er früh seine Liebe zum Zeichnen und Malen.

Die Trennung des Vaters von Frau und Kindern riss in die Familie eine tiefe und zeitlebens wohl nie mehr geheilte Wunde. Vergeblich bat der elfjährige Hans den Vater immer wieder in herzzerreißenden Briefen zurückzukommen. Bis Ende der dreißiger Jahre sollen Vater und Sohn keinen Kontakt mehr gehabt haben.

Aus finanziellen Gründen sah sich die Mutter gezwungen, in eine Mietwohnung am Hohenzollerndamm umzuziehen – nicht zuletzt aufgrund der Tatsache, dass die Unterhaltszahlungen des Vaters – der mittlerweile wieder in Budapest wohnte und arbeitete – nur unregelmäßig eintrafen. Dennoch durfte Hans weiter das renommierte Humanistische Gymnasium in Grunewald besuchen – für ihn eine unverzichtbare Brücke zu den großbürgerlichen Kreisen der Berliner Gesellschaft. Durch seine Klassen- und Schulkameraden gerieten Hans und Grete in Kontakt zu den angesehenen Familien Delbrück, von Harnack, von Rathenau, Leibholz und Bonhoeffer. Vor dem Hintergrund dieses gesellschaftlichen und geistigen Milieus entschied sich der Vierzehnjährige, evangelisch zu werden und am Konfirmandenunterricht teilzunehmen.

Noch während seiner Gymnasialzeit kam es zu einer innigen Freundschaft mit Christine Bonhoeffer, die seit 1919 ebenfalls das Grunewald-Gymnasium, zwei Klassen unter Hans, besuchte. Aus einem anfänglich zarten Briefwechsel entwickelte sich eine tiefe Liebe.

Ende September 1921 verlobten sich die knapp achtzehnjährige Schülerin Christine und der neunzehnährige Student der Rechtswissenschaften heimlich. Christine wusste, dass ihre Eltern Vorbehalte gegenüber Hans, dem Sohn eines Künstlers aus einer gescheiterten Ehe, hatten. Doch er beeindruckte seine künftigen Schwiegereltern nicht nur mit seiner Zivilcourage und Ausstrahlungskraft, sondern auch mit seinem Fleiß und der Zielstrebigkeit, wie er seinen beruflichen Werdegang gestaltete. 1925 heiratete das glückliche Paar. Aus ihrer Ehe gingen die drei Kinder Bärbel, Klaus und Christoph hervor.

Dohnanyi lehnte alle politisch-radikalen Bestrebungen der Weimarer Zeit ab. Die zunehmende Unfähigkeit der demokratischen Kräfte, sich der ihnen drohenden Gefahren zu erwehren, erfüllte ihn mit großer Sorge.[19] Nach seiner Tätigkeit als Jurist beim Hamburger Senat wurde Hans als Zweiunddreißigjähriger persönlicher Referent des Reichsjustizministers Franz Gürtner, dem Dohnanyis kritische Haltung zur NS-Rassenpolitik nicht verborgen blieb. Zu seinem Schutz ließ er ihn nach Leipzig an das Reichsgericht entsenden, wo er als Mitglied des Reichsgerichtssenates für Amtsdelikte zuständig war und auch das Reichstagsbrandverfahren beobachten sollte. Dohnanyis Empörung war groß, als er bereits in Leipzig feststellte, wie NS-Behörden die wichtigsten Verfassungsgrundsätze zunehmend außer Kraft setzten.[20]

Nach der Entmachtung der SA beim sogenannten Röhm-Putsch und der Entlassung von Werner von Fritsch als Oberbefehlshaber der Wehrmacht hegte er keine Zweifel mehr daran, dass die deutsche Justiz nicht mehr unabhängig arbeitete und sich dem Machtstreben Hitlers nicht entgegenstellen wollte. Bei der Bearbeitung der Geheimakten zum Fall Fritsch traf Dohnanyi auch mit Karl Sack, der mittlerweile bereits über Verbindungen zum Widerstand verfügte, am Reichskriegsgericht zusammen. Sack stellte schließlich für Dohnanyi den Kontakt zu Hans Oster her.

1941 forderte Oster ihn als „Sonderführer“[21] für die Zentralabteilung der Deutschen Abwehr an. Von da an gehörte er zu den engsten Mitarbeitern und Verbündeten von Hans Oster. Sein Arbeitszimmer war nur über das von Oster zu erreichen – günstige Voraussetzungen für Dohnanyis geheime Tätigkeit im Widerstand. Schon als Referent des Justizministers hatte Hans Naziverbrechen dokumentiert. Sie sollten nach einem geplanten Sturz Hitlers Grundlage für dessen

Drei aktive Vertreter der Widerstandsbewegung: Carl Ludwig Freiherr von und zu Guttenberg (links auf der Lehne sitzend), dahinter (stehend) Fabrikant Justus Delbrück und (sitzend) Reichsgerichtsrat a.D. Hans von Dohnanyi, 1942

Anklage sein. In Rücksprache mit Admiral Wilhelm Canaris und Generaloberst Ludwig Beck arbeitete er weiter an dieser „Skandalchronik".

Karl Sack

Zusammen mit Justus Perels, dem Justitiar der Bekennenden Kirche, sowie dem Reichsgerichtsrat Hans von Dohnanyi und dem Marinestabsrichter Berthold Schenk Graf von Stauffenberg gehörte Reichskriegsgerichtsrat Dr. Karl Sack zu den führenden Juristen des Dritten Reiches. In dieser Funktion war er an vierzehn Todesurteilen wegen Landesverrates beteiligt. Der am 9. Juni 1896 geborene Pfarrerssohn war ein tiefreligiöser Mensch, der sich seiner evangelischen Kirche immer mehr verpflichtet sah, gegen alles Unmenschliche und Unrechtmäßige in der NS-Justiz anzukämpfen.

Für Sack war Hitler im lutherischen Sinn „der Antichrist, das Tier aus dem Abgrund, das aus Recht Unrecht macht und das Gemeinwesen in völlige ‚anomia' (Gesetzlosigkeit) stürzt."[22] Der auf Grund wissentlich falscher Angaben durchgeführte Fritsch-Prozess führte ihn zu der Erkenntnis, dass Hitler und der NS-Staat alles unternahmen, um das bestehende Recht auszuhebeln und absolute Machtansprüche durchzusetzen. Mit Abscheu erfüllten ihn die Nachrichten von den Judenverfolgungen.

Um andere wachzurütteln, verbreitete er die Informationen wann und wo immer er es nur konnte. Seine Beziehungen machten ihn schnell mit führenden Widerstandskämpfern bekannt. Kontakte, die er sogleich auch außerdienstlich pflegte und vertiefte. Als Generalstabsrichter fühlte er sich verantwortlich für die Arbeit der ihm unterstellten Richter. So scheute er sich nicht, in Urteile, die er für ungerechtfertigt hielt, nachträglich korrigierend einzugreifen – mit dem Argument, dass er den national-sozialistischen Forderungen noch mehr hätte Rechnung tragen wollen, wenn es nur der Sachverhalt erlaubt hätte.[23] Auf diese Weise gelang es ihm, mehrere Todesurteile in Gefängnisstrafen umzuwandeln, was ihm leider nicht in allen Fällen möglich war.[24] Viele Gestapoeingriffe in Gerichtsverfahren verhinderte er dadurch, dass er sich nach deren Bekanntwerden sofort höchstrichterlich einschaltete und eine „kriegsgerichtli-

Karl Sack

che Untersuchung“ ankündigte, die er nach geraumer Zeit im Sand verlaufen ließ. Unter dem Vorwand, die Akten seien durch Bomben zerstört worden, ließ Sack jene Unterlagen vernichten, die manchen hätte belasten und gefährlich werden können.[25]

Auch nach Bonhoeffers und Dohnanyis Verhaftung zog er im Hintergrund weiter die Fäden. Für manche unverständlich, verhinderte er bei beiden einen vorzeitigen Freispruch, damit sie nicht hernach in die Hände der Gestapo fielen. Auf Intervention von Sack wurde der schwer erkrankte Hans von Dohnanyi vom Wehrmachtsuntersuchungsgefängnis in die Charité zu Professor Sauerbruch eingeliefert.[26] Nicht zuletzt durch diese und andere Aktivitäten lenkte er schließlich den Verdacht von Gestapo und SS auf sich selbst. Nach dem fehlgeschlagenen Attentat auf Hitler vom 20. Juli 1944 wurde Karl Sack unter dem Verdacht der Mittäter- und Mitwisserschaft verhaftet.

Theodor Strünck[27]

Theodor Strünck, am 7. April 1895 in Pries bei Kiel geboren, berichtete immer wieder, wie ihm sein ehemaliger Geschichtslehrer durch seine Erzählungen die Liebe zum Vaterland gleichsam ins Herz eingepflanzt hatte. Trotz auswegloser Situation und Verwundung im Ersten Weltkrieg hielt er an ihr bis zum Ende seines Lebens fest. Deshalb stand Strünck anfangs auch den demokratischen Bestrebungen der Weimarer Zeit skeptisch bis ablehnend gegenüber. Seine Sympathie galt oppositionellen Gruppierungen, von denen er sich nationale Erneuerung erhoffte.

Theodor Strünck

Ludwig Gehre

Die offensichtlichen Rechtsbrüche der NS-Herrschaft führten zu einem Umdenken. Strünck nahm Kontakt zu Widerstandskreisen auf. Nach Begegnungen mit Hans Oster veranlasste dieser Strüncks Beorderung als Reserveoffizier zur Deutschen Abwehr. Hier entwickelte sich zwischen Oster und ihm ein tiefes Vertrauens- und Freundschaftsverhältnis. Mit Carl Friedrich Goerdeler und Hans Oster schmiedete er Pläne zur Beseitigung Hitlers. Strünck war mittlerweile von Kiel nach Berlin in eine kleine Wohnung in der Nähe vom KaDeWe gezogen. Dort und später in den Kellerräumen einer Charlottenburger Villa traf sich der nun größer werdende Kreis der Widerständler.

Nach dem gescheiterten Attentat vom 20. Juli 1944 hatten Freunde von Th. Strünck schon alles für seine Flucht in die Schweiz vorbereitet. Mit Rücksicht auf vermutete Repressalien gegenüber Eltern und Freunden lehnte er jedoch die Möglichkeit, einem sicheren Todesurteil zu entgehen, ab. Am 1. August verhaftet, verurteilte der Volksgerichtshof ihn am 10. Oktober zum Tode. Das Urteil wurde in Flossenbürg vollstreckt – vermutlich ebenfalls am 9. April 1945.

Ludwig Gehre

Der am 5. Oktober 1895 in Düsseldorf geborene Ludwig Gehre schloss sich bereits in der Weimarer Zeit der NSDAP an und pflegte schon zu Beginn des Dritten Reiches enge Kontakte zur SS. Noch vor Beginn des Zweiten Weltkrieges als Hauptmann im Oberkommando der Wehrmacht dem Amt Abwehr zugeteilt, kam es zu ersten Fühlungnahmen und Beziehungen mit Hans Oster und anderen Mitgliedern des Widerstandes und somit auch zu einer Veränderung seiner politischen Einstellung. Schließlich war Gehre auch in die Attentatspläne gegen Hitler eingeweiht.

Weil er nach dem 20. Juli einem Mitbeteiligten des Attentats eine Nachricht hatte zukommen lassen, dass er fliehen und sich in Sicherheit bringen solle, wurde Gehre verhaftet und zu Vernehmungen durch den SS-Sicherheitsdienst in das KZ Sachsenhausen gebracht. Bei einem dieser Verhöre erzählte er, zu Hause im Keller noch sehr guten Wein zu haben, was die beiden SS-Leute bewog, nach Berlin zu fahren, um mit ihm zusammen in seiner Wohnung zu zechen. Als alle schon etwas angetrunken waren, gab Gehre vor, eine weitere Flasche aus dem Keller holen zu wollen – dabei gelang ihm die Flucht. Mehrere Wochen versteckte er sich zusammen mit seiner Frau. Bei einem arglosen Spaziergang wurde das Ehepaar erkannt und vom SD überrascht. Weil Gehre die Ausweglosigkeit seiner Flucht sah, zog er die Pistole und erschoss zuerst seine Frau. Dann richtete er die Waffe auf sich selbst und schoss sich in den Kopf. Dabei wurde aber nicht sein Gehirn, sondern lediglich sein Auge zerstört.[28]

Im Gefängnislazarett und hernach soll Gehre – unter Folter – sehr viele Namen preisgegeben und in den Verhören sogar auch Wilhelm Canaris und Karl Sack belastet haben. Im Gestapo-Keller des Reichssicherheitshauptamtes traf er auf die anderen Mitverschwörer.

Friedrich von Rabenau

Auf der Gedenktafel an der Westwand des Arresthofs in Flossenbürg ist auch Friedrich von Rabenau aufgeführt. Er wurde nachweislich nicht wie die anderen Widerstandskämpfer der Deutschen Abwehr am 9. April 1945 hingerichtet. Heinrich Himmler gab Mitte April den Befehl, ihn ohne Gerichtsverfahren zu erschießen.

Obwohl Rabenau die militärische Laufbahn eingeschlagen hatte und General geworden war, verfügte er als promovierter Theologe über eine Predigterlaubnis. Trotzdem verstand er sich selbst nur als theologischer Laie. Als prominentes Mitglied des Johanniter-Ordens hat er nie seine pietistischen Wurzeln geleugnet.

Von Rabenau stand in Verbindung zu zwei der führenden Widerstandskämpfer: Carl Friedrich Goerdeler und Generaloberst Ludwig Beck. Zusätzlich versuchte er auch General Walter von Brauchitsch vom Widerstand zu überzeugen. Rabenau war Mitwisser der Aktivitäten – die Vorbereitungen zum Attentat vom 20. Juli 1944 sind ihm jedoch nicht bekannt gewesen. Als Christ verwarf er grundsätzlich den politischen Mord. Im Rückblick auf das Attentat vom 20. Juli 1944 sprach er nicht nur von einer Dummheit, sondern von einem Verbrechen.[29]

Nachdem Rabenau auch als General den Nationalsozialismus wegen dessen Brutalitäten ablehnte, bat ihn sein Vetter vergeblich, er möge den Widerstand doch auch auf den kirchlichen Bereich übertragen und Mitglied der Bekennenden Kirche werden. Rabenau lehnte jedoch ab, nicht zuletzt auch deshalb, weil er trotz allem den Deutschen Christen näher stand als der Bekennenden Kirche.

Als General bewegte er sich ganz im Fahrwasser militärischen Denkens. Den Glauben verstand er einerseits als „geistige Mobilisierung für den Krieg", „eine Seele (sc. die eines Soldaten), die nichts von Gott weiß, wird ihre letzten Kräfte nicht aufbringen können." Er meinte damit, „dass ein Soldat im Diesseits kaum ohne Jenseitsgedanken auskommen kann."[30] Andererseits verurteilte er – auch in seiner Ablehnung gegen Hitler – die „völlig sinnlose Unnatur des gegenwärtigen Krieges … Die Meinung, dass doch Menschenmacht die Entscheidung erzwingen müsse, führt den Krieg selbst in den Abgrund unmenschlicher Kriegsarten. Dorthin sind wir nunmehr geraten. In diesem Krieg werden Mittel angewendet, die dem innersten, sittlich und religiös begründeten Wesen des Krieges widersprechen."[31]

Von Rabenau war – ähnlich wie zuletzt auch Martin Luther – aus religiösen Gründen antisemitisch eingestellt. Ganz im Sinne der Zwei-Reiche-Lehre betonte er, dass das Reich Gottes keine politische Größe sei. Umgekehrt dürfe der Staat nicht auf längere Zeit ohne Bezug zur Religion sein.

Friedrich von Rabenau

Auf Bitte des mit ihm freundschaftlich verbundenen Münsteraners Kardinal Clemens August Graf von Galen[32] setzte sich von Rabenau mit Erfolg bei Heinrich Himmler für den Erhalt der Abtei Maria Laach ein. Die SS hatte wie beim großen Rheinländischen Klostersturm auch deren Beschlagnahme geplant.

Rabenaus regimekritische und theologische Überlegungen, seine Mitgliedschaft als Berater des Kreisauer Kreises sowie seine Unterzeichnung eines Aufrufes zusammen mit 95 anderen Pfarrern gegen eine Kampfschrift von Alfred Rosenberg führten schließlich zu seiner Verhaftung.[33] Widerstand bedeutete für ihn „gelenkte Mitwisserschaft", aber nicht Mittäterschaft. Offenen politischen Widerstand betrachtete er nicht als Aufgabe der Kirche – und damit verband ihn eine Gemeinsamkeit mit Bonhoeffer. In seiner Aufzeichnung aus dem Moabiter Gefängnis vom 13. September 1944 – also noch vor seinem Zusammentreffen mit Bonhoeffer in Buchenwald – steht zu lesen: „In mir wächst nun eine stille Ergebenheit in Gottes heiligen Willen, widerspruchslos. Ich bete auch nicht mehr um eine Wendung meines Schicksals."[34]

Dietrich Bonhoeffer

Dietrich Bonhoeffer

Dietrich Bonhoeffers Weg in den Widerstand lässt sich nicht von seiner engen Verbindung zu seinem Freund und Schwager Hans von Dohnanyi trennen – sicher auch nicht von seinem persönlichen Glauben. Bis Bonhoeffer zu der Überzeugung kam, dass aktiver Widerstand gegen das NS-Regime notwendig sei und auch die Ermordung Adolf Hitlers nicht ausgeschlossen werden dürfe, machte er einen gewaltigen Wandel durch. Zuletzt war er sich bewusst, dass er mit der Art seines Widerstands Schuld auf sich laden würde; nicht zuletzt deshalb war er bereit, dafür in den Tod zu gehen.

Am 4. Februar 1906 in Breslau geboren, wuchs Dietrich Bonhoeffer nach dem Umzug seiner Eltern nach Berlin zusammen mit seinen sieben Geschwistern im vornehmen Viertel Grunewald auf. Die Familie zählte zum gehobenen Bildungsbürgertum. Die Vorfahren seines Vaters Karl Bonhoeffer, Professor der Psychiatrie in Breslau und an der Charité Berlin, waren angesehene Geistliche, Ärzte, Bürgermeister und Ratsherren der Stadt Schwäbisch-Hall; der Großvater von Dietrich versah das Amt des Landgerichtspräsidenten in Ulm und ist nach seiner Pensionierung sogar in den Adelsstand erhoben worden. Die Vorfahren von Bonhoeffers Mutter Paula, eine geborene von Hase, waren Künstler und Musiker; Paulas Vater ist Hofprediger bei Kaiser Wilhelm II. gewesen.

Dietrichs Eltern legten großen Wert darauf, dass die acht Kinder ihre Meinungen überlegt und mit klaren Argumenten darlegten. Sie sollten stets bei der Wahrheit bleiben und Verantwortung für ihr eigenes Handeln übernehmen. Paula Bonhoeffer, die der Herrnhuter Brüdergemeinde nahestand, kümmerte sich auch um die religiöse Erziehung. Dazu gehörte das Tischgebet, und bei den kleinen Hausandachten, die Mutter Paula organisierte, wurde auch viel musiziert. Dietrich übernahm dabei meist den Klavierpart.

Obwohl die Kinder den Konfirmandenunterricht besuchten, gingen die Bonhoeffers keine tiefere Bindung mit der Kirche ein. Umso überraschter waren Dietrichs Brüder, als er ihnen mitteilte, Pfarrer werden und Theologie studieren zu wollen. Sie warnten den etwa Vierzehnjährigen, dass Kirche ein „kleinbürgerliches, langweiliges und schwächliches Gebilde“ sei. Selbstbewusst soll Dietrich geantwortet haben: „Hm, dann werde ich eben diese Kirche reformieren."[35] Auf die Frage, warum er schon in jungen Jahren über eine außergewöhnlich reifes und scharfes Urteil verfügte, äußerte Vater Karl mit Blick auf seine Herkunft: „Die reiche Welt [seiner] Vorfahren hat Dietrich Bonhoeffer die Maße für das eigene Leben vermittelt. Ihr verdankte er eine Sicherheit des Urteils und des Auftretens, wie sie nicht in einer Generation erworben werden kann."[36]

Eine kleine Episode aus der Jugendzeit Dietrichs gewährt bereits Einblick in sein soziales Denken und Handeln, das sein ganzes Wesen und seine ethische Haltung prägte. Schon als Heranwachsender war er bis an die Grenze des Erlaubten gegangen: Die Hausangestellte der Bonhoeffers, Maria Horn, hatte Dietrichs Lehrer geheiratet. Das junge Paar suchte intensiv, aber vergeblich nach einer Wohnung. Selbst die Nachbarin in Grunewald war trotz der Bitten der Bonhoeffers nicht bereit, ein oder zwei ihrer drei unbelegten Zimmer herzugeben. Daraufhin rief Dietrich mit verstellter Stimme bei ihr an und gab sich als Angestellter des Wohnungsamtes Grunewald aus. Im amtlichen Ton teilte er ihr mit, dass auf Grund der noch freien Räume im Hause Schöne schon am kommenden Tag neue Mieter einquartiert werden. Sie solle sich dafür bereithalten. Bereits eine halbe Stunde später bat Nachbarin Schöne die Bonhoeffers flehentlich, dass doch das junge Paar bei ihr einziehen möge, bevor ihr fremde Mieter zugewiesen werden würden.[37]

Erste Wende im Denken

Schon in seiner Schul- und Studentenzeit erkannte Bonhoeffer die Gefahren des Antisemitismus und des heraufziehenden Nationalsozialismus. In vielen privaten Einzel- und Gruppengesprächen beschrieb er die drastischen Folgen eines Sieges der NSDAP.

Nach Studium, Habilitation und mehreren Auslandsaufenthalten sprach er als Privatdozent der Technischen Universität Berlin im Wintersemester 1932/33 in dem Vortrag „Der Führer und der Einzelne in der jungen Generation" vom Führer, der, vom Volksgeist legitimiert, als „Erfüllung der letzten Hoffnung" und damit als Messias angesehen werde. Er zeigte dabei die Gefahr auf, wie das Bild eines Führers schnell in das eines Verführers abgleiten könne.[38] Eine gekürzte Fassung des Vortrags trug er auch in einer zwanzigminütigen Rundfunkrede[39] vor, zwei Tage nach Hitlers Ernennung zum Reichskanzler. Im darauffolgenden Juni lieferte er sich vor ca. 2000 Studenten in der Aula der Berliner Universität eine heftige öffentliche Konfrontation mit den Vertretern der Deutschen Christen, die auf eine Gleichschaltung der evangelischen Kirche mit dem nationalsozialistischen Staat drängten.

In seiner Schrift „Die Kirche vor der Judenfrage" wandte sich Bonhoeffer vor der Pfarrerschaft seiner Kirche gegen den drohenden Arierparagraphen, der später zur Entlassung aller nichtarischen Pfarrer und Bediensteten aus dem Kirchendienst führte. Angesichts der Repressionen gegen Juden forderte Bonhoeffer politisches Handeln der Kirche, und das konnte seinen Worten nach nicht nur darin bestehen, „die Opfer ‘der staatlichen Willkür‘ unter dem Rad zu verbinden, sondern dem Rad selbst in die Speichen zu fallen."[40] Damit war für ihn bereits innerlich die Brücke zum aktiven Widerstand geschlagen. Noch schärfer hat er sich später einmal einem Mitgefangenen im Gefängnis Tegel gegenüber geäußert: „Wenn ein Wahnsinniger auf dem Kurfürstendamm sein Auto über den Gehweg steuert, so kann ich als Pastor nicht nur die Toten beerdigen und die Angehörigen trösten; ich muss hinzuspringen und den Fahrer vom Steuer reißen, wenn ich eben an dieser Stelle stehe."[41]

Als Vikar in Barcelona (1928/29) hielt er es für eine Aufgabe der Kirche, den Kriegsdienst und die Anwendung von Waffengewalt zu bejahen. Seine Äußerung dazu überrascht insofern, weil der Kriegstod seines Bruders für ihn und seine Familie ein schmerzlicher Verlust war. „Die Liebe zu meinem Volk wird den Mord, wird den Krieg heiligen … Gott ruft das Volk zur Mannhaftigkeit, zum Kampf und Sieg. Auch die Kraft ist von Gott und die Macht und der Sieg."[42] Ähnlich formulierte er es bereits in seiner Dissertation (1927): Ein Volk habe sich unter Gottes Willen zu beugen, wenn es in den Krieg ziehe, „um seine Geschichte, seine Sendung in der Welt zu erfüllen … da weiß es sich von Gott aufgerufen… da ist Geschichte nicht mehr Mord."[43] In dieser Zeit noch stark von der preußischen Militärtradition geprägt, war er zugleich in einem preußisch-konservativen Protestantismus gefangen, bei dem – wie selbstverständlich – Thron und Altar zusammengehörten. „Gott mit uns!" stand auf den Koppelschlössern der Soldaten im Ersten Weltkrieg – wie auch auf dem preußischen Staatswappen.

Mit seinem Aufenthalt in den USA sollte sich die „Gott-mit-uns-Haltung" jedoch schlagartig ändern.[44] Im Januar 1936 schrieb er an seine frühere Freundin und Studienkollegin Elisabeth Bornkamm, geborene Zinn, einen Brief, der einem Schuldbekenntnis gleichkam, aber auch Bonhoeffers innere Wandlung offenbarte. Bislang „stürzte ich mich in die Arbeit in sehr unchristlicher und undemütiger Weise. Ein wahnsinniger Ehrgeiz, den manche an mir gemerkt haben, machte mir das Leben schwer." Aber dann ereignete sich „etwas, das mein Leben bis heute verändert und herumgeworfen hat. Ich kam zum ersten Mal zur Bibel ... Ich hatte schon oft gepredigt, ... schon viel von der Kirche gesehen, darüber geredet und geschrieben – und ich war noch kein Christ geworden ... Ich weiß, ich habe damals aus der Sache Jesu Christi einen Vorteil für mich selbst, für eine wahnsinnige Eitelkeit gemacht. Ich bitte Gott, dass das nie wieder so kommt. Ich hatte auch nie, oder doch sehr wenig gebetet. Ich war bei aller Verlassenheit ganz froh an mir selbst. Daraus hat mich die Bibel befreit und insbesondere die Bergpredigt. Seitdem ist alles anders geworden. Das habe ich deutlich gespürt und sogar Menschen um mich herum. Das war eine große Befreiung. Da wurde mir klar, dass das Leben eines Dieners Jesu Christi der Kirche gehören muss und Schritt für Schritt wurde es deutlicher, wie weit das so sein muss. Dann kam die Not von 1933. Das hat mich darin bestärkt. Ich fand nun auch Menschen, die dieses Ziel mit mir ins Auge fassten. Es lag mir nun alles an der Erneuerung der Kirche und des Pfarrerstandes ... Der christliche Pazifismus, den ich noch kurz vorher ... leidenschaftlich bekämpft hatte, ging mir auf einmal als Selbstverständlichkeit auf!"[45]

Seinem Bruder Karl-Friedrich gegenüber bekannte er dazu weiter: „Es mag sein, dass ich in manchen Dingen Dir etwas fanatisch und verrückt scheine ... Als ich anfing mit der Theologie, habe ich mir etwas anderes darunter vorgestellt – doch vielleicht eine mehr akademische Angelegenheit. Es ist nun etwas ganz anderes draus geworden. Aber ich glaube nun endlich zu wissen, wenigstens einmal auf die richtige Spur gekommen zu sein – zum ersten Mal in meinem Leben. Und das macht mich oft sehr glücklich."[46]

Die Bergpredigt stellte für ihn fortan die „einzige Kraftquelle"[47] dar. Kriege im Namen Gottes zu führen, wie es der national-preußisch-protestantischen Haltung entsprach – noch in seiner Dissertation vertreten – hatte er damit endgültig verworfen. Auf der Basis des neu gefundenen biblischen Standpunktes, der sicher nicht als „Bekehrung“, aber doch als Wende in seinem Denken und Glaubensleben bezeichnet werden kann, traf Bonhoeffer wieder in Deutschland ein. Er hielt die Zeit zum öffentlichen Reden und Handeln für gekommen angesichts der grölenden SA-Kohorten, des völkischen Rassismus und des aggressiven Antisemitismus. All das blies ihm wie ein kalter Wind entgegen, forderte ihn aber zu öffentlichen Stellungnahmen auf.

Verbindungsmann bei der Deutschen Abwehr

Nachdem ihm die Gräueltaten der Nationalsozialisten bekanntgeworden waren, zögerte Dietrich Bonhoeffer nicht, im Widerstand mitzuarbeiten. Dohnanyi sorgte über Hans Oster und Wilhelm Canaris energisch für Bonhoeffers Einbindung in die Deutsche Abwehr, wohl vor allem auch deshalb, weil er befürchtete, sein Schwager könne zum Kriegsdienst eingezogen werden, galt dieser doch an seinem gemeldeten Wohnort Schlawe (Hinterpommern) als „kriegsverwendungsfähig“.

Zudem hatte die Gestapo das dortige letzte Ausbildungsseminar der Bekennenden Kirche, den Sigurdshof, geschlossen und Bonhoeffer neben dem Predigtverbot für das gesamte Reichsgebiet eine regelmäßige Meldepflicht in Schlawe auferlegt. Er musste also mit einer Einberufung zur Wehrmacht rechnen. Das wollte Hans von Dohnanyi verhindern. Zugleich ging es ihm darum, Bonhoeffers Arbeitskraft auch der mittlerweile um ihre Existenz ringenden Bekennenden Kirche zu erhalten.[48]

Nunmehr machte Dohnanyi Bonhoeffer bekannt. Bereits die Vorgespräche mit Hans Oster, Wilhelm Canaris, und Karl Sack offenbarten Bonhoeffer die innere Übereinstimmung mit deren Einstellung, und so kam er dem Vorschlag nach, Verbindungsmann des Geheimdienstes der Wehrmacht zu werden. Er verfügte über zahlreiche Auslandskontakte, ökumenische Verbindungen und exzellente Sprachkenntnisse. Als freier Mitarbeiter der Abwehr erhielt Bonhoeffer keine Entlohnung. Friedrich Justus Perels, Jurist und Widerstandskämpfer, schlug deshalb dessen bisherigem Arbeitgeber, dem Altpreußischen Bruderrat, vor, sein Gehalt weiterlaufen zu lassen. Wegen der Geldknappheit der Bekennenden Kirche wollte Bonhoeffer jedoch auf 30 bis 50% seines Gehalts verzichten. Als aber nach einem Jahr noch immer nichts von der Bekennenden Kirche eingetroffen war, sorgte Hans von Dohnanyi dafür, dass sein Schwager über einen von Carl Friedrich Goerdeler organisierten Spendenfond finanzielle Unterstützung erhielt.

Weil Bonhoeffer der Gestapo gegenüber bereits mehrfach auffällig geworden war und er einem dienstlichen Aufenthaltsverbot für Berlin unterlag, ließ ihn Hans Oster offiziell der Außenstelle München zuweisen. Hier lernte er Josef Müller[49], den freien Verbindungsmann der Abwehr, kennen, der sich auf Bitte von Hans Oster wegen seiner hervorragenden Kontakte zum Vatikan in den Dienst des Widerstands gestellt hatte und dessen Aufgabe es war auszuloten, welche Möglichkeiten der Vatikan nach einem vorzeitigen Ende Hitlers habe, zwischen der deutschen Opposition und England zu vermitteln. In ähnlicher Weise sollte Bonhoeffer mittels seiner zahlreichen Auslandskontakte und Verbindungen zur weltweiten ökumenischen Bewegung auf evangelischer Seite agieren.

In der Münchner Abwehrstelle erlebte er Ökumene in einer besonderen Weise. An seinen Freund Eberhard Bethge schrieb er: „Ich versuche, hier so etwas Fuß zu fassen, und ich glaube, dass das bei der anderen Konfession leichter sein wird als bei den eigenen Leuten; mal sehen.“[50]

Fortan führte Bonhoeffer ein Doppelleben. Einerseits galt er als geheimer V-Mann, von dessen Tätigkeit niemand etwas wissen durfte. Andererseits war er weiterhin Pfarrer – allerdings ohne Gemeinde. Er predigte gelegentlich und verfügte nach wie vor über Kontakte zu verschiedenen Theologen und zu den in seinem Seminar ausgebildeten Vikaren. Sein bisheriger Arbeitgeber stellte ihn auf Vorschlag von Justus Perels[51] für diese Aufgaben und die Arbeit an seiner „Ethik“ frei. Damit war Bonhoeffer der Sorge enthoben, zum verhassten Wehrdienst eingezogen zu werden. Als V-Mann und Agent der Deutschen Wehrmacht galt er als „unabkömmlich“.

Nicht gefesselt durch Prinzipien und Gebote

Keineswegs war Bonhoeffer die Entscheidung leicht gefallen, im Widerstand unter dem Deckmantel der Deutschen Abwehr mitzuarbeiten. Auf Grund seiner engen Verbindung zu Hans von Dohnanyi und nun auch zu Hans Oster wusste er, dass er damit möglicherweise an einer Ermordung des Führers beteiligt sein würde und die Nationalsozialisten ihn als Landes- und Kriegsverräter betrachteten. Ihm war zudem klar, dass die meisten Mitchristen ihn verurteilten, weil er das Verbot des Tötens missachtete und nicht wie Jesus im Geist der Liebe und des Friedens handelte.

Auf die neue und gewaltige Aufgabe bereitete Bonhoeffer sich fundiert vor. Er suchte nach Wegen der Rechtfertigung vor sich selbst, den anderen und vor Gott, wozu ihm ein längerer Aufenthalt in der Abgeschiedenheit des Klosters Ettal verhalf. Sein neuer katholischer Freund Josef Müller – im Wesen und Auftreten ganz anders als Bonhoeffer – hatte auf Betreiben Dohnanyis für seine dortige Unterbringung gesorgt. Bei den Arbeiten für seine „Ethik" stellte Bonhoeffer sich der Frage, wie es in Deutschland zur Umkehrung aller Werte gekommen war und was künftig zu tun sei. Für ihn bestand kein Zweifel: „Einfalt und Klugheit" sind miteinander zu verbinden. Einfältig ist, wer „die schlichte Wahrheit Gottes im Auge behält," wer „nicht gefesselt durch Prinzipien", sondern „gebunden durch die Liebe zu Gott … frei geworden [ist] von den Problemen und Konflikten der ethischen Entscheidung. Klug ist, wer auf den Grund der Dinge, wer das Wesen der Dinge sieht. Weil der Einfältige – der Mensch des ungeteilten Herzens – nicht neben Gott auf die Welt schielt, ist er in der Lage, frei und unbefangen die Wirklichkeit der Welt zu schauen."[52]

Für Bonhoeffer wirbelte „die Maskerade des Bösen alle ethischen Begriffe durcheinander". Weil sich das Böse „als das Gute, Hilfreiche, Notwendige und Gerechte ausgibt, richten die traditionellen ethischen Begriffe wie Vernunft, Gewissen, Pflicht, Tugend nichts mehr aus." „Der Mann der Pflicht wird schließlich auch dem Teufel gegenüber noch seine Pflicht erfüllen müssen." Deshalb soll sich das Handeln des Menschen „nicht an allgemeinen Prinzipien orientieren, sondern [soll] sich an der konkreten Situation ausrichten." Der „Maskerade des Bösen" hält nur der stand, „dem nicht seine Vernunft, sein Prinzip, sein

Gewissen, ... seine Tugend der letzte Maßstab ist, sondern der dies alles zu opfern bereit ist, wenn er im Glauben und in alleiniger Bindung an Gott zu gehorsamer und verantwortlicher Tat gerufen ist; der Verantwortliche, dessen Leben nichts sein will als eine Antwort auf Gottes Frage und Ruf: Wo sind diese Verantwortlichen?“[53]

Aktivitäten

Noch vor seiner endgültigen Aufnahme in das Oberkommando der Wehrmacht/ Deutsche Abwehr erteilte ihm Dohnanyi den Auftrag, bei seiner offiziellen Visitationsreise zu den ostpreußischen Bekenntnisgemeinden auch Informationen über Truppenkonzentrationen der „Roten Armee“ jenseits der Grenze zu beschaffen.[54] Ansonsten sollte er seine vielfältigen ökumenischen Auslandskontakte nutzen und Verbindung zu führenden kirchlichen und politischen Stellen im Ausland aufnehmen. Die ausländischen Mächte – insbesondere England – waren zu überzeugen, dass es in Deutschland nicht nur faschistisches, verbrecherisches Denken und Handeln gab, sondern eine Vielzahl von Menschen ganz anders dachte und sich im Widerstand gegen das NS-Regime befand. Das Ausland sollte nach dem geplanten Handstreich gegen Hitler keine Kapitulation fordern, sondern mit der Nachfolgeregierung – vertreten von einem kompetenten Personenkreis des Widerstands gegen Hitler – in Friedensverhandlungen eintreten. Zusätzlich erwarteten die deutschen Widerstandskämpfer ausländische Hilfe bei ihrem Vorhaben, die NS-Regierung auszuschalten.

Doch Bonhoeffer wusste, dass es mit dem Sturz der Regierung – auch wenn er gewaltsam erfolgte – allein nicht getan wäre. Schießen sei nicht das Problem, sondern es stelle sich die Frage, was dann hernach geschehen solle.[55] Sein Entwurf eines Regierungskonzeptes für die Nachkriegszeit sah einen christlich bestimmten Staat vor, basierend auf Gewaltenteilung und rechtsstaatlichen Grundsätzen.[56]

Bonhoeffer reiste in die Schweiz, sowie zweimal nach Schweden und nahm mit dem Lordbischof von England, George Bell, Verbindung auf. Bell, zugleich Mitglied des englischen Oberhauses, hatte in mehreren Gesprächen Vertrauen zu Bonhoeffer gewonnen und umgekehrt Bonhoeffer auch zu ihm.[57] Er übergab Bell in Stockholm neben seinem Entwurf für eine politische Nachkriegsordnung auch eine Kopie von Dohnanyis „Skandalchronik“, die NS-Verbrechen dokumentierte.[58] Bell jedoch scheiterte bei seiner Regierung mit dem von ihm verfassten berühmten „Memorandum“, in welchem er – leider vergeblich – dem Foreign Office die Breite und Ernsthaftigkeit des Deutschen Widerstandes versucht hatte darzulegen. Bonhoeffers Auftraggeber Oster und Canaris mussten erkennen, dass die Regierung in London den Sieg über das faschistische Deutschland anstrebte und im Falle eines Umsturzes oder nach dem Ende des Krieges an Friedensverhandlungen kein Interesse hatte, sondern auf die Kapitulation abzielte.

Eine andere Aufgabe Bonhoeffers war es, Juden zu helfen – ein Anliegen, das in besonderer Weise auch Wilhelm Canaris umtrieb. Neben Helmuth James Graf von Moltke und Hans von Dohnanyi gehörte Bonhoeffer zur Kerngruppe des „Unternehmen 7“, das vierzehn Juden das Leben rettete – unter ihnen Bekannte von Canaris und Juristen, die Dohnanyi aus dessen früherem Wirken als Admiral geläufig waren. Als getarnte Agenten der Abwehr über die neutrale Schweiz ins feindliche Ausland geschleust, sollten die Betroffenen dann kriegswichtige Informationen für die Abwehr liefern – ein Unternehmen von höchster Brisanz, weil die Gestapo ihr Plazet zur Ausreise geben musste.

Ermuntert durch eine Nebenbei-Äußerung Hitlers[59] verwies Canaris in einem Gespräch mit Himmler auf die angebliche Dringlichkeit des Vorhabens. Bonhoeffer weihte Kirchenmänner der Schweiz ein. Zudem waren erhebliche Mittel und Devisen für Auswandererabgaben und Reichsfluchtsteuern aufzubringen, durfte die deutsche Verwaltung doch keinen Verdacht schöpfen. Selbst wenn Bonhoeffer die Bedeutung seiner Rolle im Widerstand und seine fachlichen Fähigkeiten „nicht über Gebühr“ veranschlagte – für Canaris, Oster und Dohnanyi war sie wohl unverzichtbar. Dohnanyi verdeutlichte einmal, dass Bonhoeffer „kein Politiker…, sondern ein gütiger Helfer… gewesen sei“, durchdrungen „von der Richtigkeit der antihitlerischen Strömung“.[60]

Entdeckung des Widerstandes und die Festnahmen von Dohnanyi, Bonhoeffer und Müller

Wiederholt ermahnte Canaris Oster und Dohnanyi, keine kompromittierenden Unterlagen im Büro aufzubewahren. Man konnte ja nie wissen. Entsprechend ließ Dohnanyi nur „Spielmaterial“ – also für die Gestapo wertlose Akten – auf seinem Schreibtisch liegen. Seine „Skandaldokumentation“ und weitere Unterlagen befanden sich bereits in zwei Panzerschränken in Zossen. Die Schlüssel und chiffrierten Verzeichnisse dazu waren unauffällig im Büro von Dohnanyi deponiert. Wilhelm Canaris wollte vorbereitet sein für den Fall, dass ein großes Aufgebot des Reichssicherheitshauptamtes eine Durchsuchung bei der Abwehr durchführte. Doch es kam anders.

Bei einem auf dem Prager Schwarzmarkt festgenommenen Mann, der sich als Kaufmann David ausgab, wurden 10 000 Dollar gefunden sowie ein Kuvert mit Edelsteinen, auf dem die Namen Schmidhuber und Ickrath standen. David erklärte, er arbeite für die Außenstelle München der Deutschen Abwehr, wo die beiden Personen zu finden seien. Auf Nachfrage in München erklärte Major Wilhelm Schmidhuber dem Leiter der Zollstelle Wapenhaensch in Prag, mit dem Geld solle eine in der Schweiz lebende Tschechin für die Abwehr gewonnen werden, weil sie über hervorragende Kontakte zum britischen Geheimdienst verfüge.

Gleichwohl blieb Wapenhaensch misstrauisch und lehnte Davids Freilassung ab. Er glaubte, einen Spion vor sich zu haben. Daraufhin änderte der sprunghafte Schmidhuber seine Geschichte: Es könne sich tatsächlich um einen Spion handeln.

Nun ließ David bei den weiteren Verhören in Prag die Maske fallen. Er merkte, dass es um seinen Kopf ging, und gestand, dass er für die Devisenverschiebungen der Abwehr tätig sei. Als sich nach weiteren Ermittlungen Davids Behauptungen bestätigten, wandte sich die Zollstelle an den Vorgesetzten von Schmidhuber, Hauptmann Walter Brede, der vermutlich, um Oster eins auszuwischen, den Weg für eine Verhaftung von Schmidhuber und Ickrath freigab.

Canaris und Oster erkannten sofort die große Gefahr. Im Wissen um die Geschwätzigkeit Schmidhubers beauftragte Canaris Josef Müller in München, ihn nach Italien zu bringen, um dessen Verhaftung zuvorzukommen. Vergeblich. Brede und Wapenhaensch waren den beiden bereits auf den Fersen. Der Festnahme Ickraths folgte die des in Italien ausfindig gemachten Schmidhuber.

Um seinen Kopf zu retten, begann auch Schmidhuber von den Devisenschiebereien zu erzählen. Er beschuldigte Hans von Dohnanyi, Dietrich Bonhoeffer und seinen eigenen Freund und Mitarbeiter Josef Müller. Damit war der Widerstandskreis der Abwehr um Hans Oster – nicht zuletzt durch eigene zusätzliche Ungeschicklichkeiten[61] – ins Visier der Gestapo geraten. Der größte Fehler von Oster und Dohnanyi bestand darin, dass sie Schmidhuber in den Verdacht brachten, britischer Geheimagent zu sein. Für die Justiz handelte es sich nicht mehr um eine Devisenaffäre, sondern um möglichen Hoch- und Landesverrat. Schmidhuber und Ickrath landeten im Gestapogefängnis Berlin.

Am Morgen des 5. April 1943 erschienen Oberstkriegsgerichtsrat Manfred Roeder und SS-Kriminalsekretär Franz Sonderegger bei Admiral Canaris. Roeder kündigte an, Dohnanyi festzunehmen und dessen Arbeitszimmer zu durchsuchen. Canaris ging mit den beiden durch die langen und dunklen Gänge des Hauses zum Büro Hans Osters. Nur so konnten sie auch zu Dohnanyis Dienstzimmer gelangen. Hier entfaltete Roeder nochmals den Durchsuchungsbefehl und zählte die Gründe auf: Devisendelikte, Dienstverletzungen, Verdacht auf Hoch- und Landesverrat. Oster empörte sich Roeder gegenüber mit den Worten: Dohnanyi habe nichts getan, wovon er, Oster, nichts wisse. Werde Dohnanyi verhaftet, solle man ihn, Oster, gleich mitnehmen. Roeder ging darauf nicht ein, verlangte den Schlüssel zum Panzerschrank im Zimmer und sichtete das Material. Den Schlüsseln und chiffrierten Verzeichnissen des Inhalts des Zossener Aktenarchivs schenkte er keine Beachtung.

Dohnanyi war auf Grund der Warnungen von Canaris und Oster auf eine Bürodurchsuchung vorbereitet – nicht aber an diesem Tag. Ihn hatte noch zuvor der Leiter der Wehrmachtsrechtsabteilung beruhigt, dass keine Verhaftung bevorstünde. Deshalb lag auf seinem Schreibtisch neben den stets dort befindlichen harmlosen Unterlagen die Akte „Z-grau“.[62] Drei Zettel ragten aus dem Ordner. Es handelte sich um eine von Canaris noch nicht abwehrdienstlich genehmigte Reise von Bonhoeffer und Josef Müller nach Rom. Obwohl von Roeder beschlagnahmt, ergriff Dohnanyi die Akte und holte die drei Zettel heraus, um sie in Gegenwart von Roeder Canaris zur Einsicht zu geben; er möge nunmehr die Reise nach Rom bewilligen. Roeder reagierte scharf, und so mussten die Zettel wieder zurück.

Jetzt erst erkannte Dohnanyi die Gefahr für ihn und den gesamten Widerstand. Verzweifelt versuchte er, Oster ein Zeichen zu geben, flüsterte ihm zu und bat ihn, mittels eines Zettels seine Frau Christine zu benachrichtigen. Oster verstand das Wort falsch und bemühte sich, heimlich einen Zettel aus der „Akte Z grau" zu entfernen, was der Kommissar Sonderegger beobachtete und sogleich Roeder meldete. Dieser reagierte sofort und verwies Canaris für den weiteren Verlauf der Durchsuchungen des Zimmers. Roeder ließ Dohnanyi in das Wehrmachtsuntersuchungsgefängnis Moabit bringen.

Wegen des Verhaltens seines wichtigsten Mitarbeiters bei der Verhaftung von Hans von Dohnanyi, als er belastendes Material unter seinem Jackett verstecken wollte, musste Canaris kurz darauf Hans Oster aus dem Dienst entfernen. Der unter Hausarrest gestellte Oster sah sich am 21. Juli 1944 auf Schloss Schnaditz festgenommen.[63] In den Mittagsstunden des 5. April wurde auch Christine von Dohnanyi von ihrem Haus in Sarkow weg in das Frauenpolizeigefängnis Charlottenburg überführt. Trotz vieler Einschüchterungsversuche, unmenschlicher Haftbedingungen und Erpressungen gab sie sich bei den Vernehmungen als die ahnungslose, uninformierte Ehefrau. Nach ihrer Entlassung am 30. April, auch auf Intervention ihres Vaters Karl Bonhoeffer erfolgt, musste sie sich in klinische Behandlung begeben und kehrte erst nach zwei Monaten wieder in ihr Haus zurück.[64]

Als Dietrich Bonhoeffer am 5. April mit seiner Schwester Christine, der Frau von Hans von Dohnanyi, telefonieren wollte, meldete sich eine fremde Männerstimme. Er ahnte, dass etwas nicht in Ordnung war. Schnell versteckte er alle verdächtigen Materialien – darunter auch die Arbeit an seiner „Ethik" und die von ihm geplante Neufassung der Kirchenordnung.[65] Sodann begab er sich zu seiner Schwester Ursula Schleicher ins Nachbarhaus. Sie wollte ihm etwas kochen. Gegen 16 Uhr kam sein Vater und teilte Dietrich mit, dass zwei Männer bereits in seinem Arbeitszimmer wären, die ihn sprechen wollten. Es waren

Roeder und Sonderegger, die Bonhoeffer nach erfolgloser Durchsuchung seiner Unterlagen festnahmen. Auch Josef Müller ist noch am selben Tag in München verhaftet worden; ebenso seine Ehefrau Maria und die Sekretärin Anni Haaser.

Die Festnahmen und die notwendig gewordene Beurlaubung von Hans Oster trafen die Deutsche Abwehr schwer. Aber noch hatte die Gestapo nicht zum entscheidenden Schlag ausgeholt und sie dem Reichssicherheitshauptamt eingegliedert. Bislang war es Canaris stets gelungen, bei den Vernehmungen im Zusammenhang mit den Beschuldigungen gegenüber Oster, Dohnanyi, Bonhoeffer und Müller belastende Fakten und den Verdacht gegen sie und die Abwehr in Abrede zu stellen. Als die Gestapo es aber fertigbrachte, im Januar 1944 nach der Infiltrierung des Kreises um Hanna Solf[66] die beiden Abwehrmitarbeiter Otto Kiep und Helmuth James Graf von Moltke zu verhaften, rückte das Ende der Deutschen Abwehr näher. Zusätzlich lenkte auch die sogenannte Vermehren-Affäre einen weiteren Verdacht auf Widerstandshandlungen in der Abwehr. Der als Schreibkraft bei der Istanbuler Abwehrstelle angestellte Erich Vermehren war zusammen mit seiner Frau Isa aus Angst vor der Gestapo zu den Briten übergelaufen, was bei der Gestapo erneut Mutmaßungen über zweifelhafte Aktivitäten der Abwehr auslöste.

Als Außenminister Ribbentrop mittels einer Intrige aufzeigte, dass die Abwehr durch ihr außenpolitisches Verhalten Schaden angerichtet habe, war ihr Ende besiegelt.[67] Auf Befehl Hitlers wurde sie im Februar 1944 dem Reichssicherheitshauptamt unterstellt. Canaris, zunächst auf Burg Lauenstein interniert und aus der Marine entlassen, erhielt eine Berufung zum Leiter eines Sonderstabs für Handelskrieg und wirtschaftliche Kampfmaßnahmen. Gleichwohl blieb er weiter im Widerstand tätig.[68]

Dietrich Bonhoeffer und Hans von Dohnanyi im Gefängnis

Über seine Einlieferung in das Gefängnis Tegel am Abend des 5. April 1943 schrieb er später: „Ich wurde für die erste Nacht in eine Zugangszelle eingeschlossen, die Decke auf der Pritsche hatte einen bestialischen Gestank, dass es trotz der Kälte nicht möglich war, sich damit zuzudecken. Am Morgen wurde mir ein Stück Brot in die Zelle geworfen, so dass ich es vom Boden aufheben musste … Von außen drangen in meine Zelle zum ersten Mal jene wüsten Beschimpfungen der Untersuchungsgefangenen durch das Personal, die ich seither täglich von morgens bis abends gehört habe.“[69]

Bonhoeffers Zelle lag im dritten Stock der Todeskandidaten. Viele weinten und versuchten, sich mit Klopfzeichen zu verständigen. Er selbst war isoliert – keiner sprach mit ihm ein Wort – und erlitt einen sogenannten Haftschock. Auf einem Zettel hielt er folgende Worte fest: „Unzufriedenheit, Gespanntheit, Ungeduld, Selbstmord nicht aus Schuldbewusstsein, sondern weil ich im Grunde schon tot bin, Schlussstrich, Fazit.“ Sein Schicksal erinnerte ihn an die „Mönchszellen“ des Predigerseminars Finkenwalde und des Klosters Ettal. Er begann, sein Los leichter zu ertragen. Am dritten Tag erhielt er seine Bibel, und er erinnerte sich auch wieder an viele Paul Gerhardt-Lieder.

Bei der Fahrt zu den Verhören musste Bonhoeffer Handfesseln tragen. Einer seiner Wärter verspottete ihn und beschimpfte ihn als „Strolch“. Später sagte Bonhoeffer über seine Haft: „Ich habe jetzt eine ganz andere Sicht auf Menschen, als ich sie bislang in meiner vorwiegend behüteten Welt hatte.“ Und seinen Eltern, die ihn zuerst nur alle zehn Tage besuchen durften, eröffnete er: „Ich lerne nun täglich, wie gut ich es bei Euch immer gehabt habe, und muss im Übrigen einmal selbst exerzieren, was ich in Predigten und Büchern andern gesagt habe.“[70]

Bonhoeffers Mutter verständigte ihren Cousin Paul von Hase, der als Stadtkommandant von Berlin auch für die Haftanstalt Tegel zuständig war. Er stattete bald darauf dem Gefängnis einen Informationsbesuch ab. Von einem Tag zum anderen avancierte Bonhoeffer zum „Stargefangenen“, was zu besserer

Verpflegung führte sowie zum Aufenthalt in der Krankenstation – als Patient und als Helfer. Wächter, die ihn zuvor schlecht behandelt und verhöhnt hatten, schmeichelten sich nun bei ihm ein.

Im Tegeler Gefängnis hielt Bonhoeffer in vielen Briefen seine Gedanken fest – bis hin zu dem großen Wandel in seinem theologischen Denken.[71] Außerdem las er Werke von Gotthelf, Stifter, Fontane, Keller und Rilke; zudem betätigte er sich selbst literarisch. Harald Poelchau, der Gefängnisseelsorger von Tegel, schrieb später über ihn: „Von einem Theologen, den ich ein dreiviertel Jahr fast täglich besuchte, muss ich sagen, dass ganz eindeutig er der Gebende und ich der Nehmende war: Dietrich Bonhoeffer, dessen Briefe aus dieser Zeit zeigen, womit er sich beschäftigt hat. In seinen Gedichten aus Tegel sagt er einmal von sich: ‚Wer bin ich? Ich trete aus meiner Zelle wie ein Gutsherr aus seinem Schloss.' Damit beschreibt er richtig die große Überlegenheit, die von ihm ausging, auch in der Zelle: ein junger Mensch aus dem großen Haus des Berliner Psychiaters, führend in der Bekennenden Kirche, deren illegales Predigerseminar Schönwalde er leitete, von einer sehr persönlichen, vom Traditionellen abweichenden Frömmigkeit, die sich auch mit den ‚Gottlosen' fand, war sein Einfluss auf Mitgefangene und das Militärpersonal so groß, dass er wie in Freiheit lebte. Er hätte leicht fliehen können, wollte aber niemanden dadurch belasten."[72]

Auf Wunsch Poelchaus verfasste Bonhoeffer folgendes Gebet für Gefangene:

„Gott, zu dir rufe ich.
Sammle meine Gedanken, hilf mir zu beten;
ich kann es nicht allein.
In mir ist es finster, aber bei dir ist das Licht;
ich bin einsam, aber du verlässt mich nicht;
ich bin kleinmütig, aber bei dir ist die Hilfe;
ich bin unruhig, aber bei dir ist Friede;
in mir ist Bitterkeit, aber bei dir ist die Geduld;
ich verstehe deine Wege nicht,
aber du weißt den Weg für mich.
Dir sei Ehre in Ewigkeit."[73]

In den Verhören ging es zunächst um seine „uk“-Stellung, um die Befreiung vom Wehrdienst und deren Rechtmäßigkeit. Später gesellten sich das „Unternehmen 7“ und die Rettung der vierzehn Juden hinzu. Roeder gegenüber gab sich Bonhoeffer bei den Verhören – so die Empfehlung Dohnanyis – als der hilflose, uninformierte Pfarrer aus. Ja, er schmeichelte seinem Gegenüber sogar, wenn er Roeder als „Sehr geehrter Herr Oberkriegsgerichtsrat“ ansprach, wie er es auch in Briefen tat.

Manfred Roeder – Zeichnung Hans von Dohnanyis, 1943

Als seine Eltern ihn besuchen durften, brachten sie ihm Bücher mit – auf jeder zehnten Seite von hinten war ein Buchstabe gekennzeichnet. So ließen sich verschiedene Nachrichten mitteilen. Länger dauerte es hingegen, bis Dietrich mit seiner Verlobten Maria Wedemeyer[74] in brieflichen Kontakt geriet; später durfte sie ihn mehrmals in Tegel besuchen.

Bei den Verhören gelang es Roeder nicht, Bonhoeffer anhand von Beweismitteln zum Tode verurteilen zu lassen. Das Netz der Opposition innerhalb des Nazi-Regimes war noch so etabliert, dass sich Roeder von seinem Posten ablösen und nach Lemberg versetzen ließ. Sein Nachfolger Kutzner verhielt sich anders. Er arbeitete im Auftrag von Karl Sack auf einen politisch entschärften und länger dauernden Prozess hin. Bonhoeffer seinerseits drängte – bestärkt auch durch geheime Informationen Dohnanyis – auf eine Verhandlung mit Freispruch. Seine Unterstützer aber hatten Angst, dass ihn dann sofort die SS ergreifen, verhaften und in ein KZ stecken würde. So schien der von Karl Sack anvisierte Weg der sichere zu sein, zumal im Hintergrund die Hoffnung auf das Kriegsende und Bonhoeffers Überleben bestand.

Drei Wärter des Gefängnisses Tegel entpuppten sich indes als Gegner des NS-Regimes: die Unteroffiziere Holzendorf, Knobloch und Linke. Mit ihrer Hilfe gelang es ihm, unzensierte Briefe zu versenden und zu erhalten.[75] Welches

Risiko der Gefängniswärter Knobloch und die Angehörigen eingingen, um Bonhoeffer zur Freiheit zu verhelfen, verdeutlicht folgende Begebenheit: Am 28. Juli, kurz nach dem gescheiterten Attentat auf Hitler, fuhr Bonhoeffers jüngste Schwester Susanne mit dem Fahrrad zum Gefängnis Tegel, um ihren Bruder zu besuchen. Der eingeweihte Wärter Knobloch führte – wie abgesprochen – gerade den Gefangenen Bonhoeffer auf den Hof. Susanne zeigte ihm ihr mittlerweile „fahruntüchtiges“ Rad, weil sie vorne und hinten die Luft aus den Reifen gelassen hatte. Während sich Knobloch umständlich und zeitaufwändig der „Reparatur“ widmete, weihte Susanne ihren Bruder in den Fluchtplan ein. Monteurkleidung liege bereit. Dietrich solle zusammen mit Unteroffizier Knobloch das Gefängnis verlassen und in einem bestimmten Schrebergartenhäuschen untertauchen. Die Vorbereitungen dazu seien bereits getroffen. Aber Bonhoeffer hatte zuvor erfahren, dass auch sein Bruder Klaus verhaftet worden war. Er fürchtete Sippenhaft, wollte seine Eltern und seine Verlobte schonen – und entschied sich gegen die Flucht.

Auch für Hans von Dohnanyi war anfänglich Manfred Roeder, durch zahlreiche Verfahren mit Todesurteilen und seine brutal-hinterhältigen Verhörmethoden als „Bluthund Hitlers“ bekannt, zuständig. Infolge seines Status als Sonderführer beim Amt Ausland/Abwehr unterstand Donanyi auch als Zivilist der NS-Militärjustiz und nicht der SS. Als prominenter Gefangener mit vielfältigen und teilweise verwandtschaftlichen Verbindungen zu hohen Kreisen des Militärs ist er zunächst nicht wie ein gewöhnlicher Gefangener der NS-Militärjustiz behandelt worden; er durfte sich sogar eine Tageszeitung halten. Dennoch entging er nicht den Repressalien Roeders, der ihm mit Maßnahmen gegen seine Familie, der Überstellung an die Gestapo, einem „kurzen Prozess durch den Führer“[76] und mit Vernichtung seiner Existenz bedrohte. Sein Ziel war es, den Gefangenen mürbe zu machen.[77]

Dohnanyi beschäftigte sich in seiner Gefängniszelle intensiv mit biblischen Texten; er suchte Halt und Trost. Und doch überwältigten ihn oft Schmerz und die Sehnsucht nach seiner Frau und den Kindern. Christine ermunterte ihn, er möge seine Begabungen nutzen und zeichnen, um seine Gefängniserfahrungen zu verarbeiten. Ein Glücksfall für Dohnanyi war, dass der Gefängniskommandant des Wehrmachtsuntersuchungsgefängnisses, Oberstleutnant Maas, ein

Gegner des Nationalsozialismus, mit Karl Sack, dem Chef des Heeresrechtswesens, befreundet war. Maas, der unter dem Druck von Roeder stand, wusste, dass Christine Dohnanyi bei den mittlerweile erlaubten Besuchen winzige Informationszettel in die Deckel von Marmeladengläsern eindrückte. Ähnlich wie bei Bonhoeffer entwickelte sich ein Informationssystem durch Punktierung von Buchstaben in Büchern und harmlos klingenden Formulierungen in Briefen. So war es möglich, dass Bonhoeffer und Dohnanyi bei den Verhören ihre Aussagen indirekt miteinander abzustimmen vermochten.

Eine schwere Venenentzündung sowie Sprachstörungen und Gesichtslähmungen infolge einer Gehirnembolie veranlassten Karl Sack – an Roeder vorbei – Dohnanyi Hafturlaub zu gewähren und an die Charité zu Ferdinand Sauerbruch zu überweisen. Hier durfte er Besuche von seiner Familie empfangen.

Auf vielfältige Weise versuchte Roeder, Dohnanyi wieder in den Gewahrsam der Militärjustiz zu bekommen, was aber an der Autorität Sauerbruchs scheiterte. Auf den Nachfolger von Roeder, Helmuth Kustner, setzte Dohnanyi große Hoffnung. Obwohl ein ehemaliger Kollege, erfüllten sich die Erwartungen nicht. Er überstellte Dohnanyi im Januar 1944 ins Gefängnislazarett Buch, was nur deshalb funktionierte, weil Sauerbruch zu diesem Zeitpunkt abwesend war. Hier besserte sich Dohnanyis Zustand, weshalb er die baldige Entlassung aus dem Lazarett zurück in die Gefängniszelle befürchtete. Um einer Gestapo-Verhaftung zu entgehen, infizierte sich Hans unter Zuhilfenahme seiner Frau mit Diphterie-Bakterien, was tatsächlich die Verlegung ins Seuchenlazarett Potsdam zur Folge hatte, das ganz in der Nähe von Dohnanyis Wohnhaus lag. Insbesondere Karl Sack weckte über Christine bei Hans die Hoffnung, dass das Attentat auf Hitler und damit die Befreiung ihres Mannes bevorstehe.

Nach dem 20. Juli übernahmen die Gestapobeamten Huppenkothen und Sonderegger die Ermittlungen. Ohne Rücksicht auf seinen bedenklichen gesundheitlichen Zustand verlegten sie ihn ins Krankenrevier des KZs Sachsenhausen. Er fühlte sich sehr schwach, war zunächst vollständig gelähmt, so dass Mithäftlinge ihn betreuen mussten. Persönlicher Kontakt mit Christine war nicht mehr möglich, auch brieflich kam es zu erheblichen Beeinträchtigungen.

Als Huppenkothen ihm bei einem Verhör eine wohl entscheidende Akte aus dem Zossener Archiv aufs Bett warf, wusste Dohnanyi, dass ihm keine andere

Christine von Dohnanyi, erschöpft beim Besuch ihres Mannes in der Berliner Charité, liebevoll gezeichnet von Hans von Dohnanyi, 9. Dezember 1943

Wahl mehr blieb, als seine Krankheit als Waffe einzusetzen.[78] Huppenkothen und Sonderegger versuchten, ihn mit Morddrohungen und Racheakten gegenüber seiner Familie gefügig zu machen. Zugleich boten sie ihm Vergünstigungen an, wenn er geständig wäre. Dohnanyi jedoch blieb sich treu und schwieg standhaft. Schließlich kam es zum Höhepunkt seiner Tortur: der Überstellung in den Gestapo-Keller des Reichssicherheitshauptamtes.

Im Kellergefängnis der Gestapo, in Buchenwald und Flossenbürg

Nach dem Attentat auf Hitler bildeten SS-Standartenführer Walter Huppenkothen und Kriminalkommissar Franz Sonderegger die „Sonderkommision 20. Juli". Von nun an übernahmen sie die Verhöre aller Gefangenen der Abwehr. Die Aktenfunde von Zossen führten dazu, dass sich am 8. Oktober 1944 auch Bonhoeffer im Kellergefängnis des Reichssicherheitshauptamtes wiederfand.

Ebenso erging es Oster, Sack und Müller, sowie dem mittlerweile der Freiheit beraubten Canaris.

Die „verschärften Haftbedingungen" unterschieden sich von den Gefängnissen zuvor. Es gab keine Sprecherlaubnis, keine Briefkontakte – allenfalls auf Kassiber-Ebene. Brutale Folter und Demütigungen gehörten zum Alltag – vermutlich weniger bei Bonhoeffer. Dennoch bezeichnete er die Verhöre bei Huppenkothen als „widerlich".

Dohnanyi, ebenfalls am 1. Februar 1945 schwer krank in den Gestapo-Keller gebracht, wurde von dem berüchtigten Gestapo-Kommissar Stawizki drei Wochen lang ohne jede Hilfe in einer ungeheizten, feuchten Zelle in den eigenen Exkrementen liegen gelassen. Auch das nochmalige, absichtliche Infizieren mit Diphterie-Bazillen, die seine Frau auf Wunsch ihres Mannes in Essenspaketen hereingeschmuggelt hatte, blieb erfolglos. Was Dohnanyi ausgehalten und auf sich genommen hat, ist ein Ruhmesblatt des Widerstandes und des Willens, sich der Macht von Unmenschen und Peinigern nicht zu beugen. Das sollte niemals vergessen werden, und daher sollte man alles tun, um ihm gerecht zu werden und aus dem Schatten seines Schwagers zu lösen.

Auf Betreiben seines Schwiegervaters Karl Bonhoeffer lieferte man den völlig Verwahrlosten in das Staatskrankenhaus ein zu Dr. Albrecht Tietze. Hier erfuhr der Schwerkranke beste Pflege. Tietze bereitete sogar unter eigener Lebensgefahr eine Flucht vor. Der erste Versuch – zuvor sollten Dohnanyis Frau und Kinder in Sicherheit gebracht sein – scheiterte. Nun forderte Tietze Dohnanyi auf, ihn mit einer Pistole anzuschießen. Es hätte dann so ausgesehen, als habe der Häftling seine Flucht erzwungen. Ein Wagen sollte vor dem Krankenhaus bereitstehen. Dohnanyi lehnte jedoch ab.[79]

Ihm schwebte eine Kontaktaufnahme mit Heinrich Himmler vor. Er wusste, dass dieser stets von ihm beeindruckt gewesen war. Im Stillen hoffte Dohnanyi – ungeachtet des zu erwartenden Todesurteils – immer noch auf eine Wende seines Schicksals. Himmler soll Dohnanyi sogar geantwortet haben, wollte aber für sich den Sicherheitschef Ernst Kaltenbrunner ins Staatskrankenhaus schicken. Der alles entscheidende Vernichtungsbeschluss Hitlers durchkreuzte die letzte Hoffnung Dohnanyis.[80] Sonderegger benutzte Tietzes kurze Abwesenheit, um Dohnanyi in das Gefängnislazarett Sachsenhausen zu überstellen.

Wilhelm Canaris war im Gestapo-Keller brutalen Quälereien und Demütigungen ausgesetzt. Er bekam oft nur die halbe Essensration und musste nach einem Bombenangriff zusammen mit Josef Müller den Fußboden kehren. Einer der Bewacher verhöhnte ihn: „Na, kleiner Matrose, das hättest du dir nicht träumen lassen, dass du einmal Gang fegen musst.“[81]

Bonhoeffer musste nicht wie die anderen in der Zelle Fesseln tragen. Bei seinen Verhören ist er aber erpresst worden, was er später Josef Müller zuflüsterte. Während eines Bombenangriffs gelang es Bonhoeffer, schnell und unbemerkt in die total verdreckte Zelle Dohnanyis zu schleichen und sich mit ihm kurz abzustimmen.

Maria von Wedemeyer, die Verlobte von Dietrich Bonhoeffer, sprach auf Vermittlung der Gräfin Maria Bredow, bei Huppenkothen vor. Dieser erlaubte ihr allerdings nicht, ihren Verlobten zu sehen, ließ es aber zu, Pakete mit Nahrungsmitteln an Dohnanyi ins KZ Sachsenhausen zu senden.[82] SS-Kommissar Franz Sonderegger hingegen zeigte sich ausnahmsweise als „ein Mann mit Herz – aber verschlagen“ (Dohnanyi). Er ließ sich von Maria Wedemeyer gleichsam um den Finger wickeln und übermittelte ihr insgesamt die drei letzten Briefe Bonhoeffers an seine Angehörigen – darunter auch den mit dem Gedicht „Von guten Mächten wunderbar geborgen“.

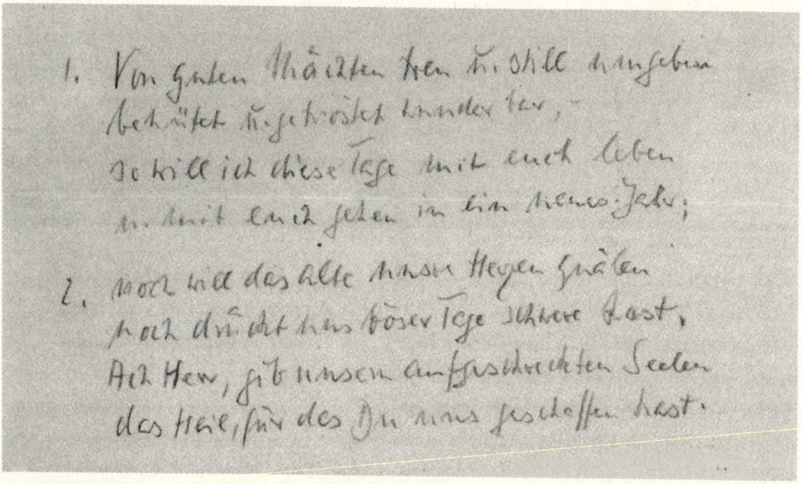
1. Von guten Mächten treu u. still umgeben
behütet u. getröstet wunderbar, –
so will ich diese Tage mit euch leben
u. mit euch gehen in ein neues Jahr;

2. noch will das alte unsre Herzen quälen
noch drückt uns böser Tage schwere Last,
Ach Herr, gib unsern aufgeschreckten Seelen
das Heil, für das Du uns geschaffen hast.

Die ersten zwei Verse des von Dietrich Bonhoeffer in der Haft verfassten Gedichtes „Von guten Mächten wunderbar geborgen“, 1944

Ein Bombenangriff, der das Reichssicherheitshauptamt schwer traf, beendete die Verhöre. Sowohl die russischen als auch die amerikanischen Truppen rückten näher. Canaris, Oster, Strünck und Sack wurden am 7. Februar nach Flossenbürg transportiert. Die andere Gruppe mit Bonhoeffer, Müller, Liedig und Gehre schaffte die Verfolger ins KZ Buchenwald, wo sie die Gefangenen in Zweiergruppen in die Kellergeschoss-Zellen der SS-Kaserne steckten.

Bonhoeffer kam mit Friedrich von Rabenau, ebenfalls Theologe, in eine Zelle. Im SS-Keller Buchenwald durften die Gefangenen in Sechsergruppen täglich eine halbe Stunde auf dem Mittelgang „Spaziergänge" machen. Ungeachtet der Kontaktsperre vermochten sich die Häftlinge auszutauschen. Oft konnten sie sogar kleine Schwarzmarktgeschäfte abschließen, weil mehrere ihrer Bewacher den Gang in den kühlen Keller scheuten.[83] Bonhoeffer ergatterte dabei sogar etwas Tabak für sich und andere, und der Mitgefangene Payne Best versorgte die „Theologenzelle" mit einem eingeschmuggelten Schachspiel.

An Flossenbürg vorbei nach Regensburg und Schönberg

Am 1. April 1945 (Ostersonntag) waren bereits die ersten Geschützdonner der Amerikaner in Buchenwald zu hören. Zwei Tage später schrie ein Aufseher den Gefangenen zu: „Fertigmachen!" Der Befehl jagte allen Angst vor einer plötzlichen Exekution ein. Ein unförmiger, von einem Holzgasmotor angetriebener Kastenwagen (Holzvergaser, Zeiserlwagen, grüne Minna) fuhr vor. Insgesamt siebzehn Gefangene mussten in das Gefährt einsteigen und sich mit ihrem Gepäck ins Innere drücken.[84]

Unmittelbar vor der Abfahrt gab es Fliegeralarm. Die Wachleute rannten sofort weg, die Gefangenen hingegen mussten im verschlossenen Wagen ausharren. Kaum in Gang gesetzt, machte der Holzvergaser Probleme. In allen stieg die Angst vor dem Ersticken hoch, zumal jeder wusste, dass auf ähnliche Weise Juden umgebracht worden waren.

Endlich ging es weiter – gegen 22 Uhr. Stündlich musste ein Stopp eingelegt werden, um Holz in den Ofen des Fahrzeugs nachzulegen. Fünfzehn Minuten brauchte der Motor, bis er auf Touren kam und sich die Fahrt fortsetzen ließ. Inzwischen war es Josef Müller gelungen, sich zu Bonhoeffer hinzuarbeiten, der seinem Nachbarn Payne Best gerade einige Tabakreste geschenkt hatte. Müller fragte Bonhoeffer, was er bei den Verhören gesagt habe, warum er „unabkömmlich" für den Wehrdienst gestellt worden sei. Bonhoeffer flüsterte ihm zu, unter Druck gesetzt worden zu sein. Er habe Angst gehabt, seiner Verlobten könne etwas „passieren", wenn er nicht die Wahrheit sagen würde. So gab er zu, dass er für Hans Oster einen innenpolitischen Nachrichtendienst aufbauen sollte.

Müller war entsetzt und machte Bonhoeffer Vorwürfe. Er hätte nichts zugeben dürfen und stattdessen erklären sollen, dass er von ihm in der Abwehraußenstelle München angefordert worden sei, um ihn bei seiner schwierigen Arbeit zu unterstützen.[85] Am Spätnachmittag des folgenden Tages erreichte der Konvoi die Polizeistation Neustadt/Waldnaab. Nach einer längeren Wartezeit erfuhren die Gefangenen, dass Flossenbürg voll sei und es in Richtung Regensburg weiterging. Wenig später überholte ein Auto den Holzvergaser und zwang ihn anzuhalten. Zwei Uniformierte stiegen aus und riefen die Namen Müller und Liedig. Ob sie auch Bonhoeffer nannten ist unklar. Als Müller sich von ihm verabschieden wollte, blieb er regungslos sitzen. Unglücklicherweise sprang Ludwig Gehre freiwillig aus dem Holzvergaser heraus und so nahmen sie auch ihn mit. Ob sie ihn für Bonhoeffer hielten, ist nicht zu sagen.

Die Gefangenen fühlten sich vom Schreckensort Flossenbürg verschont. Auch die Wachmannschaft wurde freundlicher. Bei einem Halt an einem Bauernhof durften sie sich an einer Brunnenpumpe waschen. Die Bäuerin brachte sogar Roggenbrot und Milch.

Bei der Ankunft im Gerichtsgefängnis Regensburg, war es bereits dunkel. Einer der Wärter wollte die Gefangenen in rüdem Ton ansprechen; sie verbaten sich dies aber. „Schon wieder Aristokraten"[86], brummte er. Zu fünft in eine Zelle gesperrt, lärmten und protestierten sie so lange, bis sie von einem Wärter, Suppe bekamen. In dem Gefängnis waren auch Frauen untergebracht. Bonhoeffer konnte Frau Goerdeler noch von einer kurzen Begegnung mit ihrem Mann im Kellergefängnis der Prinz-Albrecht-Straße berichten – vor dessen Hinrichtung am 12. Februar.

Ehemaliges Mädchenschulhaus in Schönberg

Am nächsten Morgen ging es weiter. Doch die Lenkung des Holzvergasers brach. Nach längerem Warten stiegen sie in einen bequemeren Bus um, der sie – mit neuen Wächtern – nach Schönberg im Bayerischen Wald brachte.

Inzwischen waren dort auch die weiblichen Sippenhäftlinge aus Regensburg eingetroffen. In dem am Vortag geräumten Mädchenschulhaus gab es frisch bezogene Betten – jedoch nichts zu essen. Den Frauen gelang es, vom Erdgeschoss aus mit Leuten aus dem Dorf Kontakt aufzunehmen. Sie brachten ihnen heiße Pellkartoffeln, und am folgenden Tag erhielten sie von den Dorfbewohnern einen Kartoffelsalat.

Am nächsten Morgen, es war der Weiße Sonntag, regte der katholische Mitgefangene Pünder an, Bonhoeffer solle einen Gottesdienst halten. Nach anfänglichem Sträuben legte dieser seiner Andacht die Losung und den Lehrtext der Herrnhuter Brüdergemeinde zugrunde: „Durch seine Wunden sind wir geheilt." (Jesaja 53, 5) „Gelobt sei Gott, der Vater unseres Herrn Jesu Christi, der uns nach seiner großen Barmherzigkeit wiedergeboren hat zu einer lebendigen Hoffnung durch die Auferstehung Jesu Christi von den Toten." (1. Petrus 1, 3)

Den weiblichen Sippenhäftlingen entging die Stille im ersten Stock nicht.Sie wollten Bonhoeffer nach unten schmuggeln, damit er auch ihnen einen Gottesdienst hielte. Doch da fuhr ein Auto vor. Zwei Männer in Zivil erschienen und riefen: „Gefangener Bonhoeffer, fertig machen, mitkommen!“ Alle wussten, was das bedeutete.

Bonhoeffer packte seine Sachen und legte den „Plutarch“, den er zuvor gelesen hatte, auf den Tisch. Nachdem er seinen Namen noch hineingeschrieben hatte, wandte er sich seinem Mitgefangenen, dem englischen Offizier Payne Best, zu und nahm ihn fest bei der Hand. Mit großem Ernst sagte er ihm: „Wollen Sie diese Botschaft von mir dem Bischof von Chichester ausrichten: Sagen Sie ihm, dass dies für mich das Ende ist, aber auch der Anfang – mit ihm glaube ich an den Grund unserer universalen christlichen Bruderschaft, die sich über alle nationale Hassgefühle erhebt, und dass unser Sieg gewiss ist – sagen Sie ihm auch, dass ich nie seine Worte bei unserer letzten Begegnung vergessen habe.“[87] Eilig ging er die Treppe hinunter. Frau Goerdeler rief ihm noch einen letzten Gruß nach, dann fuhr das Auto – vermutlich auch mit dem Gefangenen Friedrich von Rabenau – davon.

Das KZ-Lager Flossenbürg und das „Standgericht“

Das KZ Flossenbürg war hauptsächlich ein Ausbeutungslager mit nahezu hundert Außenstellen, in dem Häftlinge für die wirtschaftlichen Interessen der SS arbeiten mussten – in Flossenbürg vor allem im Granitsteinbruch. Von den ca. 100000 Gefangenen kamen etwa 30000 unter schikanösen Bedingungen ums Leben. Unter ihnen nicht nur NS-Gegner, Juden und Kriegsgefangene, sondern auch sogenannte unliebsame gesellschaftliche Außenseiter.

Der etwa 100 m lange Arrestbau (s. S. 55) mit dem davorliegenden Arresthof war ein eigener, mittels Steinmauern abgegrenzter Bereich innerhalb des Lagers. Er umfasste insgesamt 40 Arrestzellen. Hier wurden KZ-Häftlinge, die nach Ansicht ihrer Wärter gegen die Lagerverordnung verstoßen hatten, in teilweise verdunkelten Zellen – deshalb auch der Name Bunker – mit zusätzlichen Schikanen, Demütigungen, Nahrungsentzug und oft auch mit dem Tod durch Erhängen oder Erschießen bestraft. Ebenfalls waren hier Sonderhäftlinge der SS aus dem In- und Ausland untergebracht. Dazu zählten auch die Widerstandskämpfer der Deutschen Abwehr um Wilhelm Canaris. Mehr als 1 000 Menschen, Männer, Frauen und Kinder wurden von der SS im Arresthof gehängt oder erschossen.

Otto Thorbeck, Chefrichter beim SS-Polizeigericht in München, erhielt per Fernschreiben den Auftrag, am Sonntag, dem 8. April 1945, im KZ Flossenbürg ein „Standgericht" durchzuführen. Zuerst beachtete er die Anweisung wenig, wurde aber erneut und nunmehr drohend aufgefordert, dem Befehl unverzüglich nachzukommen. Da der reguläre Zugverkehr zu dieser Zeit bereits eingestellt war, fuhr er bei einer Munitionskolonne bis Schwarzenfeld mit. Vorsichtshalber hatte er, „um kürzere Strecken zurücklegen zu können", sein eigenes Fahrrad mitgenommen.[88] In Schwarzenfeld vermittelte ihm der Leiter der Polizeistation eine Übernachtung. Am nächsten Morgen holte ihn ein Fahrer ab und brachte ihn nach Flossenbürg. Thorbeck erinnerte sich gut an seine Ankunft. Festlich-weiß gekleidete Mädchen befanden sich auf dem Weg zur Kirche; es war der Weiße Sonntag.

Im Konzentrationslager, zu diesem Zeitpunkt mit etwa 20 000 Gefangenen hoffnungslos überfüllt, herrschten katastrophale Zustände. Immer wieder waren Bomber am Himmel zu sehen, was bei den Häftlingen einerseits die Hoffnung auf Befreiung auslöste, andererseits aber auch die Angst vor drohenden Bombenabwürfen oder noch schnell angeordneten Massenhinrichtungen. Wenige Tage später sollten die grausamen Todesmärsche und Transporte nach Süden beginnen.

Um nachträglich den Eindruck einer in ordentlicher Umgebung erfolgten Gerichtsverhandlung zu erwecken, schilderte Thorbeck nach dem Krieg ein ähnlich friedliches Bild wie Frau Huppenkothen, die bereits auf der Flucht von Berlin nach Süden, zusammen mit ihrem Mann, Station in Flossenbürg gemacht hatte. Sie wollte am Lagerzaun des KZs musizierende und Fußball spielende Gefangene gesehen haben. Auf einem Spaziergang zusammen mit dem Lagerkommandanten hatte sie angeblich Gemüsebeete und Pferdestallungen bestaunt. Außerdem wollte sie beobachtet haben, dass ein Trupp Gefangener nach freiwilliger Meldung zum Üben ausgerückt war,[89] wobei sie nicht sagte, was sie hätten üben sollen.

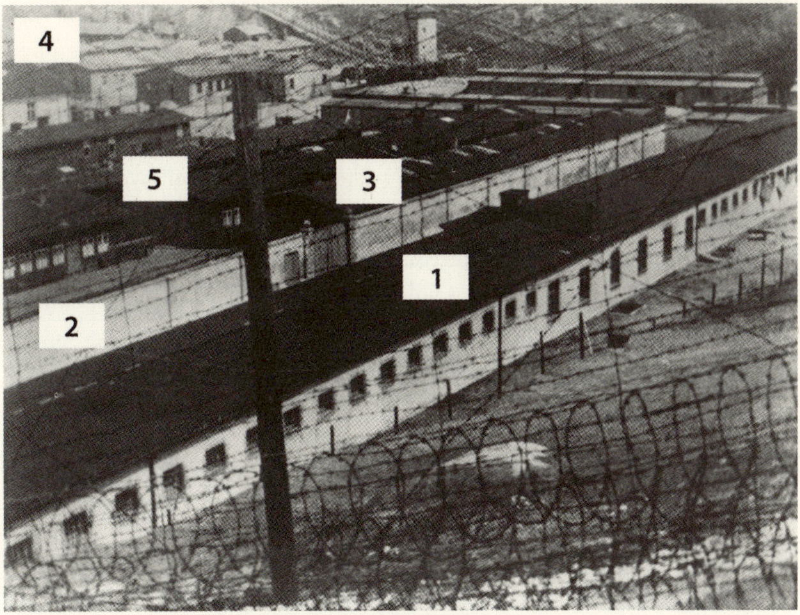

Das Konzentrationslager Flossenbürg – Teilansicht: 1) Arrestbau mit insgesamt vierzig Zellen 2) Hundert Meter langer Arresthof 3) Zugang durch die schwere Holztüre 4) Wäschereigebäude 5) leicht ansteigender Weg zwischen den Baracken vom Appellplatz beim Wäschereigebäude zum Arresthof

Am Samstagabend zuvor war auch Walter Huppenkothen aus Berlin eingetroffen, wo er nach Sachsenhausen einen Stopp einlegte, um weitere Dienstanweisungen entgegenzunehmen. Unter seiner Mitwirkung war am Tag zuvor das Todesurteil über Hans von Dohnanyi verhängt worden. Auf dem Weg nach Flossenbürg hatte Huppenkothen aus dem stark zerbombten Berlin noch seine schwangere Frau mitgenommen.

In einem etwa halbstündigen Gespräch auf dem Vorplatz des Konzentrationslagers ließ sich der SS-Chefrichter Thorbeck vom rangmäßig höhergestellten SS-Standartenführer über die Angeklagten informieren. Zuerst äußerte Thorbeck Bedenken, ob ein SS-Richter und ein vermutlich aus SS-Führern zusammengesetztes Gericht überhaupt für Offiziere und Angehörige der Wehrmacht, noch dazu für einen Admiral, zuständig sein können. Huppenkothen verwies sogleich darauf, dass am Vortag der SS-Richter[90] im KZ Sachsenhausen ihm gegenüber nicht solche Bedenken geäußert habe. Außerdem erinnerte er daran, dass ein entsprechender Befehl Hitlers vorliege.[91] Damit habe Thorbeck „keinen Zweifel gehabt, diesen Befehl als verbindlich anzusehen“.[92]

Nach dem eigenen – angeblich intensiven Aktenstudium – erachtete es Thorbeck auch nicht mehr für nötig, dass die zur Verurteilung anstehenden Widerstandskämpfer einen Verteidiger haben sollten. Als „Beisitzer“ wurden neben dem SS-Ankläger Walter Huppenkothen der KZ-Kommandant Max Koegel[93] und vermutlich der Gestapokommissar Kurt Stawizki[94] bestimmt. Nach dem Mittagessen im Casinosaal soll dort auch – so Thorbeck – gegen 16 Uhr die Verhandlung begonnen haben.[95]

Huppenkothen hatte am Samstagabend kurz nach seiner Ankunft in Flossenbürg festgestellt, dass Bonhoeffer nicht unter den Gefangenen war. Er ließ noch nachts in den Zellen des Arrestbaus nach ihm suchen. Josef Müller berichtete später, wie ein Wächter die Zellentür bei ihm aufgerissen und ihn angebrüllt hatte: „Sind Sie Bonhoeffer?“[96] Müller verneinte. Ob er dabei einen Hinweis auf Bonhoeffer gab, der sich ja, wie er wusste, nicht in Flossenbürg aufhielt, ist nicht feststellbar. Jedenfalls hat Müller es später heftig abgestritten. Wie man Bonhoeffer in dem ca. 160 km entfernten Schönberg ausfindig gemacht hat, ist unbekannt.[97] Trotz Benzinknappheit wurde am Sonntagmorgen ein Fahrzeug mit zwei Personen dorthin beordert, um Bonhoeffer herbeizuschaffen.

Die Angeklagten und der „Prozess“

Nach dem Vernichtungsbeschluss Hitlers hatte Walter Huppenkothen die Liste derer zusammengestellt, die nun von einem sogenannten Standgericht zum Tod verurteilt werden sollten.

In Sachsenhausen war es:

Reichsgerichtsrat und Sonderführer Dr. Hans von Dohnanyi.

In Flossenbürg waren es:

Admiral Wilhelm Canaris,
Generalmajor Hans Oster,
Dr. habil. Pfarrer Dietrich Bonhoeffer,
Generalstabsrichter Dr. Karl Sack und
Hauptmann der Reserve Ludwig Gehre.

Auf Huppenkothens Todesliste standen nicht der Hauptmann der Reserve Dr. Theodor Strünck, Dr. Josef Müller, Dr. Franz Maria Liedig und General Dr. Friedrich von Rabenau.

Theodor Strünck war bereits am 10. Oktober vom Volksgerichtshof zum Tod verurteilt worden. Der Zeitpunkt seiner Hinrichtung könnte ebenfalls der 9. April gewesen sein. Gegen Friedrich von Rabenau war während seiner neunmonatigen Haftzeit keine Anklage erhoben worden. Weil man seine Aussagen für die Zeit nach dem Krieg fürchtete, wurde er auf ausdrücklichen Befehl Heinrich Himmlers am Morgen des 15. April 1945 von SS-Sturmbannführer Kurt Stawizki in Flossenbürg erschossen. Ob er zuvor zusammen mit Bonhoeffer von Schönberg nach Flossenbürg geschafft worden war, kann nur angenommen werden. Wer dazu den Befehl gab, ist unbekannt.

Franz Liedig war auf Grund der Zossener Aktenfunde in Oslo festgenommen worden. Nachdem man um seine Kontakte mit Hans Oster wusste, erwartete man von ihm in den Verhören entscheidende Informationen über seinen Freund und Vorgesetzten. Dies war vermutlich auch der Grund, warum er zusammen mit Josef Müller vorzeitig aus dem Holzvergaser von Buchenwald nach Regensburg herausgeholt worden war. Liedig hat jedoch geschwiegen. Die SS schätzte ihn bezüglich der Ergebnisse bei seinen Verhören als mehr oder weniger bedeutungslos ein.[98] Nach dem Krieg lieferte Josef Müller für seine Verschonung vom Galgen mehrere Erklärungen (s.u.).

Über die „Gerichtsverhandlung“ in Flossenbürg liegen keine Aufzeichnungen vor. Sie wurden – falls überhaupt welche angefertigt worden waren – angeblich nach den Hinrichtungen verbrannt. Sowohl der Ablauf als auch der genaue Termin lassen sich anhand der Aussagen von Thorbeck und Huppenkothen bei den Nachkriegsprozessen nur dürftig rekonstruieren.[99] Ihre Angaben sind teilweise grotesk unterschiedlich und widersprüchlich.[100] So behauptete Huppenkothen, dass die Verhandlung erst am Montag, dem 9. April, begonnen und bis in den späten Nachmittag hinein gedauert habe. Thorbeck hingegen war überzeugt, dass man bereits am Sonntagnachmittag anfing, über Canaris und Oster „Recht zu sprechen“. Am Montag, dem 9. April, sollen – so Thorbeck – die Verhandlungen gegen Ludwig Gehre, Karl Sack und zuletzt am Nachmittag auch gegen Dietrich Bonhoeffer fortgesetzt worden sein.

Mit ihren Darstellungen wollten Thorbeck und Huppenkothen den Eindruck erwecken, dass es sich um ein vielstündiges, zeitaufwändiges und ordentliches Gerichtsverfahren gehandelt habe. Dem war aber nachweislich nicht so.

Nachdem Bonhoeffer erst am frühen Nachmittag – so Pünder in seinen Erinnerungen – in Schönberg abgeholt worden war, dürfte er bei den damaligen Verhältnissen und der über 160 Kilometer weiten Entfernung frühestens in den Abendstunden in Flossenbürg eingetroffen sein. Spätestens gegen Mitternacht am Sonntag war die Verhandlung aber bereits beendet. Wie dabei mit Bonhoeffer umgegangen worden ist, lässt sich nur vermuten. Sicher wollte man von ihm, wie auch von den restlichen Gefangenen, weitere Informationen über Verbindungen zu anderen Verschwörern erhalten. Er hatte ja schon zuvor bei den Verhören unter erpresserischem Druck seine Tätigkeiten im Widerstand zugegeben.

Thorbeck behauptete bei den Nachkriegsprozessen, Bonhoeffer sei geständig gewesen; auch habe er seine Mitwisserschaft an den Attentatsplänen nicht in Abrede gestellt. Das Belastungsargument des Hochverrats habe er „uneingeschränkt" bestätigt. Er sei überzeugt gewesen, dass es richtig war, über seine ökumenischen Kontakte zum Ausland Verbindungen zu den Westalliierten zu erhalten. „Er hat sich jedoch auf den Standpunkt gestellt, dass es kein Kriegs- und Landesverrat gewesen sei, denn als Christ sei er verpflichtet gewesen, mit Kreisen der Christenheit im Ausland zu versuchen, dem Krieg ein Ende zu bereiten."[101]

Karl Sack hingegen habe laut Thorbeck alle Vorwürfe abgestritten. Als ehemaliger Generalstabsrichter habe er sich ohnehin nicht mit der Rolle des Angeklagten abfinden können. Er empfand es – so Thorbeck – „offensichtlich peinlich, als oberster Richter des Heeres wegen dieser Anklage vor Gericht zu stehen."[102]

Da das Todesurteil von vornherein feststand,[103] ist davon auszugehen, dass es sich bei dem „Prozess" mehr um „verschärfte Vernehmungen" gehandelt hat.[104] Vermutlich hoffte man, von den Angeklagten noch weitere Informationen über das Netzwerk der Verschwörer und die Verbindungen zu den Attentätern vom 20. Juli zu bekommen. Allen Angeklagten aber war klar, dass ihnen der Tod durch Erhängen bevorstand. Angeblich wurde jeder von Thorbeck gefragt, was seine letzte Bitte sei. Hans Oster soll gesagt haben, dass er lieber mittels eines

Himmelfahrtkommandos – also direkt beim Fronteinsatz – aus dem Leben scheiden wolle als durch den Strang.

Die Vernehmungen von Hans Oster und Wilhelm Canaris scheinen im Vergleich zu den anderen länger gedauert zu haben. Thorbeck zufolge kam es sogar zu einer Gegenüberstellung der beiden Angeklagten. Canaris soll dabei seine bisherige Verteidigungslinie beibehalten haben, dass seine angeblichen Widerstandstätigkeiten und Aufzeichnungen in seinen Tagebüchern „Spielmaterial", also Scheinvorbereitungen zum Staatsstreich waren, um den Feind in die Irre zu führen. Oster hingegen habe im Unterschied zu Canaris alles zugegeben. Die Wut und auch die Hilflosigkeit derer, die über Canaris zu Gericht saßen, muss dabei so groß gewesen sein, dass ihm bei seinen Aussagen einer der „Richter" das Nasenbein brach. Gegen Mitternacht musste Canaris in seine Zelle zurück. Spätestens zu diesem Zeitpunkt war das „Verfahren" beendet.

Arresthof Flossenbürg und Aussagen zu den Hinrichtungen

Von den letzten Minuten und den Hinrichtungen der Widerständler im Arresthof gibt es nur einen, allerdings nicht glaubwürdigen Augenzeugenbericht; gemeint ist der des Lagerarztes Fischer-Hüllstrung. Anhand der Aussagen von Mitgefangenen, die mit dem Leben davonkamen, ist die Hinrichtung der fünf Widerstandskämpfer indirekt rekonstruierbar.

Oberst Hans Mathiesen Lunding, Chef des dänischen Geheimdienstes, war über sieben Monate hinweg in der Zelle 21[105] untergebracht. In dieser Zeit konnte er in besonderer Weise sein Gehör schärfen und durch den kleinen Türspalt einen Blick über den Zellengang zum Fenster in den Arresthof werfen. Dabei hat er etwa 800 bis 900 Hinrichtungen durch Genickschuss oder Erhängen miterlebt. In der Zelle 22 neben ihm harrte sein ehemaliger Gegner, der Chef des Deutschen Geheimdienstes, Admiral Wilhelm Canaris, aus. Durch Klopfzeichen[106] haben sich die beiden Gefangenen miteinander verständigt. Nach seiner Befreiung fertigte Lunding in den Nachkriegsprozessen aus der Erinnerung eine Skizze vom Arrestbau und dem Arresthof an (siehe S. 61).

Arresthof im Konzentrationslager Flossenbürg, 4. Mai 1945

Lunding erinnerte sich wegen des am Sonntag veränderten Dienstbetriebs noch genau an den 8. April. Durch einen Spalt seiner Zellentür sah er, wie Wächter etwa gegen 22 Uhr die Zelle seines Nachbarn öffneten. Nach Abnahme der Fesseln wurde er weggeführt und etwa gegen Mitternacht wieder zurückgebracht. Wieder gefesselt, teilte er mittels Klopfzeichen seinem Zellennachbarn Lunding Folgendes mit: „Letzte Vernehmung, Nase gebrochen, Schluss, Pflicht getan … meine Zeit ist um. Sollten Sie weiterleben, grüßen Sie meine Frau."[107]

Als es am Morgen[108] im Gang vor den Zellen laut wurde und die Lampen grell den Arresthof erhellten, hörte er, wie man die Zelle seines Nachbarn wieder aufschloss. Eine schneidende Stimme befahl: „Mitkommen!". Canaris, von seinen Fesseln befreit, wurde zur Schreibstube geführt. Von dort her ertönte es: „Alles ausziehen!" Gleichartige Befehle folgten, so dass Lunding wusste, dass wohl mehrere Gefangene hingerichtet werden sollten. An den weißen Haaren erkannte er, dass man Canaris – wie schon andere bei so vielen Hinrichtungen zuvor – nackt durch den matschigen Hof zur Hinrichtungsstätte trieb. Etwa fünf

Minuten später erschallte von der Richtstätte her der Ruf: „Der Nächste!" Sogleich tönte es von der Schreibstube zurück: „Los!" All das geschah mehrmals hintereinander. Erst nach längerer Zeit wurden vier bis fünf Bahren zurückgetragen, auf denen die Leichen der Hingerichteten lagen.[109] Ihre Körper wurden auf einen Holzhaufen zwischen Arrestbau und Stacheldrahtzaun geworfen und verbrannt. Die Arbeiten im Krematorium waren zu diesem Zeitpunkt bereits eingestellt worden.

Jorgen Lonborg Friis Mogensen[110], inhaftierter dänischer Vizekonsul, war klar, dass Bonhoeffer nach seiner Ankunft im Zellenbau die Gefangenenkleidung anziehen musste und man ihn wie die anderen Mitglieder der Canaris-Gruppe in dem Flügel mit den Zellennummern 20 bis 40 einsperrte. Um eine Kommunikation der Gefangenen auszuschließen, trennte die Lagerkommandantur „gewöhnlich die Mitglieder einer Gruppe beim Unterbringen durch zufällige andere Gefangene in jeder zweiten Zelle, so dass Bonhoeffer wahrscheinlich von allen Freunden unter den Mitgefangenen isoliert war." Des Weiteren sagte Mogensen: „Ich bin überzeugt davon, dass die Hinrichtung der Gruppe nicht in der Form der gewöhnlichen kurz dauernden Liquidierung geschah. Zum Tode Verurteilte wurden immer einzeln getötet. Der Gefangene wurde aus seiner Zel-

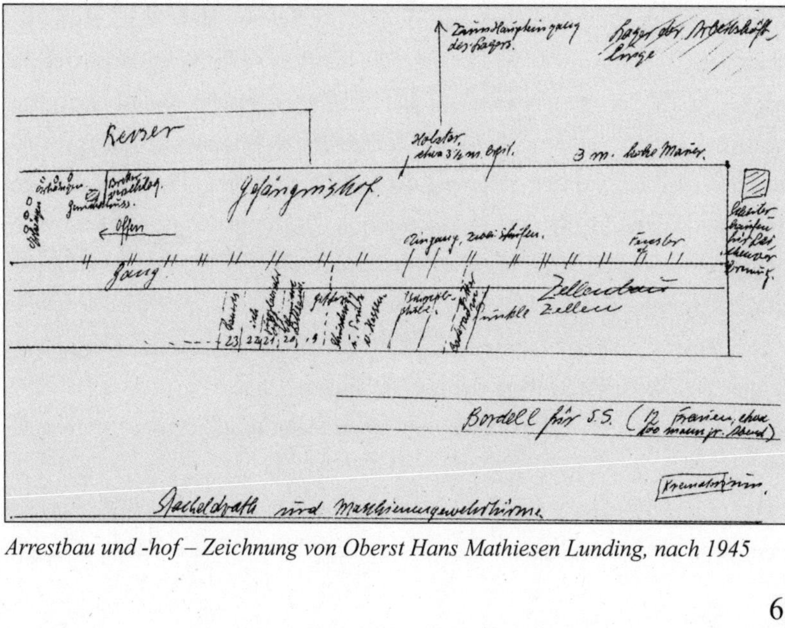

Arrestbau und -hof – Zeichnung von Oberst Hans Mathiesen Lunding, nach 1945

le geholt und zum Baderaum geführt, wo er ausgezogen wurde und seine Hände auf den Rücken mit einer vorher zugeschnittenen, starken Papierschnur gebunden wurden. Der nackte Gefangene wurde dann zum Ausgang in der Mitte des Gebäudes geführt und musste draußen im Freien am Gebäude entlang an den Fenstern vorbei bis zur überdachten Hinrichtungsstelle gehen, wo das Seil über den Haken an der Mauer wartete … Es steht jedoch bestimmt fest, dass die Hinrichtungen der Mitglieder der Gruppe insgesamt ungewöhnlich lange dauerten: von etwa 6 Uhr früh bis gegen Mittag … Ich sah an einem der folgenden Tage einen von den L-förmigen Haken, dessen langer Arm (ca. 70-75 cm) zugespitzt geschmiedet war, so dass der Arm am Ende ca. 1 cm dick war. Unter dem Gewicht einer normalen Person war der Haken so elastisch, dass man es – bei rechter Seillänge – dem Opfer möglich machte, mit den Zehenspitzenden den Boden leicht zu berühren. Auf diese Weise wird die lange Dauer der Erhängung erklärt. Ich traf am Nachmittag einen von den Gefängniswärtern, der noch deutlich erregt war und der, als er mich zur Tür hinausließ, ausrief: ‚Es ist nur wegen dieser Generäle, dass wir den Krieg verlieren.‘ Später berichtete ein SS-Mann über den Tod von Canaris: ‚Bei dem kleinen Admiral hat es sehr lange gedauert – er ist ein paar Mal rauf und runtergezogen worden.‘“[111]

Lagerarzt Fischer-Hüllstrung gab zehn Jahre nach Bonhoeffers Tod folgende Beobachtung zu Protokoll: „Am Morgen des betreffenden Tages etwa zwischen 5 und 6 Uhr wurden die Gefangenen, darunter Admiral Canaris, General Oster … und Reichsgerichtsrat Sack aus den Zellen geführt und die kriegsgerichtlichen Urteile verlesen. Durch die halbgeöffnete Tür eines Zimmers im Barackenbau sah ich vor der Ablegung der Häftlingskleidung Pastor Bonhoeffer in innigem Gebet mit seinem Herrgott knien. Die hingebungsvolle und erhörungsgewisse Art des Gebetes dieses außerordentlich sympathischen Mannes hat mich auf das Tiefste erschüttert. Auch an der Richtstätte selbst verrichtete er noch ein kurzes Gebet und bestieg dann mutig und gefasst die Treppe zum Galgen. Der Tod erfolgte nach wenigen Sekunden. Ich habe in meiner fast fünfzigjährigen ärztlichen Tätigkeit kaum je einen Mann so gottergeben sterben sehen.“[112]

Das „Erschüttertsein“ Fischer-Hüllstrungs wirkt allerdings wenig überzeugend, denn seine Tätigkeit im KZ Flossenbürg als Arzt war es nicht, Kranken beizustehen und zu helfen. Das zeigten nicht zuletzt die katastrophalen Bedingungen in den Baracken der „Krankenstation“. Seine Aufgabe war es, den Tod von Hingerichteten festzustellen – oft auch herbeizuführen –, falsche Todesbescheinigungen auszufertigen und dafür zu sorgen, dass den Leichen die Goldzähne fachgerecht ausgebrochen wurden. „Er war nicht nur Zeuge des Grauens im Lager, sondern hat selbst daran mitgewirkt.“[113] Nach dem Krieg wegen Mordes und Beihilfe zum Mord angeklagt, versuchte er durch die Darstellung der letzten Minuten Bonhoeffers seine eigene Tätigkeit ins rechte Licht zu rücken. Er konnte zum Zeitpunkt der Hinrichtung nicht wissen, wer Bonhoeffer war. Wie will er erkannt haben, dass Bonhoeffer sympathisch war und „erhörungsgewiss“ betete? Er spricht von der „Treppe zum Galgen“, die es so in Flossenbürg nicht gab; weiter von der halbgeöffneten Türe zu einem „Zimmer“ – und meinte damit den „Baderaum“ neben der SS-Schreibstube, wo man den Gefangenen die Kleidung herunterriss. Auch seine Äußerung zum bereits nach wenigen Sekunden erfolgten Tod ist angesichts der brutalen Hinrichtung durch Erwürgen in der Schlinge nicht glaubhaft. Für Bonhoeffer dürfte das Ende sehr qualvoll gewesen sein.

Der „Prozess“ in Sachsenhausen und Zeugenaussagen zur Hinrichtung von Hans von Dohnanyi

Der isolierte, T-förmige Zellenbau im KZ Sachsenhausen mit seinen 80 Zellen besaß eine ähnliche Funktion wie der Arrestbau in Flossenbürg. Auch er war Lagergefängnis und zugleich Sondergefängnis der Gestapo. Im abgeschlossenen Hof wurden besonders brutale Strafmaßnahmen sowie Tötungen durchgeführt. Huppenkothen will hier – ähnlich wie zwei Tage später in Flossenbürg – ein Scheintribunal zusammengestellt haben, das den vernehmungs- und nahezu bewegungsunfähigen Hans von Dohnanyi auf der Tragbahre zum Tod durch den Strang verurteilt hat.

Der KZ-Lagerkommandant Anton Kaindl fungierte dabei nach den Worten von Huppenkothen als Nazi-Richter. Kaindl war aber von seiner Ausbildung her Buchhalter und verfügte über keinerlei juristische Kenntnisse. Als Beisitzer

Eingang zum Hof und SS-Zellengefängnis im Konzentrationslager Sachsenhausen – Zeichnung von Christoph Ranzinger

wurde der SS-Obergruppenführer Otto Somann bestimmt, der vor Beginn seiner SS-Karriere als Landwirt und Schmied arbeitete. Huppenkothen übernahm die Rolle des Anklägers. Die Verhandlung soll fünf Stunden gedauert haben. Dohnanyi konnte dabei angeblich dem Verlauf gut folgen und auf einer Bahre liegend, entsprechende Fragen beantworten.

Auch diese Angaben von Huppenkothen bezweifelte Dr. Tietze nach dem Krieg, weil er wusste, dass Dohnanyi bei ohnehin vernehmungsunfähigem Zustand niemals so lange durchgehalten hätte. Tietze versorgte ihn vorab mit einer beträchtlichen Menge Morphium- und Luminalgaben, die Dohnanyi auch eingenommen hatte. Allein schon deswegen und wegen seines jämmerlichen Gesamtzustands war es unwahrscheinlich, dass er einem Verhör längere Zeit folgen konnte. Es war auch eine Lüge, dass der Angeklagte am Schluss seine Schuld zugegeben haben soll. Für Christine, seine Frau, und für alle, die ihn kannten, war das unvorstellbar.

Von der Ermordung Hans von Dohnanyis im KZ Sachsenhausen gibt es keine direkten Überlieferungen. Darüber hinaus erweisen sich die Angaben zum Datum und der Art und Weise seines Todes als widersprüchlich.

Dr. Albrecht Tietze, der Dohnanyi zuvor im Staatskrankenhaus betreut und dabei sein eigenes Leben riskiert hatte, erhielt etwa Mitte April 1945 die Nachricht, dass Dohnanyi nach seiner endgültigen Einlieferung ins KZ Sachsenhausen zuerst in das dortige Lazarett gebracht und am 14. April schließlich in der Gaskammer des Bunkers B getötet worden sei.

Erschießungsgraben Sachsenhausen: Vorrichtung am Galgen zum Hochkurbeln des Strickes bei einer Hinrichtung

Der Mitgefangene Arthur Barttels, als einer der Häftlings-Krankenpfleger abgeordnet, den nahezu bewegungsunfähigen Hans von Dohnanyi täglich zu waschen und ihm das Essen zu reichen, antwortete nach dem Krieg in der Verhandlung des Schwurgerichtes München auf die Frage des Staatsanwalts, ob er irgendwas von den Häftlingen über die Art, wie Dohnanyi hingerichtet wurde, gehört habe: „‚Das war das Hauptthema, weil wir uns nicht vorstellen konnten, wie Dohnanyi, von dem bekannt war, dass er gelähmt war, aufkommen wollte. Man hat ihn nicht am Galgen aufgehängt, sondern einfach von der Bahre hochgezogen.' ‚Haben Sie das von anderen Häftlingen gehört oder ist das nur eine Vermutung?' ‚Keine Vermutung, eine ganz positive Feststellung. Man konnte sich das Aufhängen nicht anders vorstellen.'"[114]

Adolf-Victor von Koerber, ein ebenfalls für Dohnanyi bestimmter Häftlingspfleger, berichtete später, dass dieser nach der Verhandlung noch einmal zu ihm in die Krankenabteilung Sachsenhausen gebracht worden und für wenige Minuten noch bei Bewusstsein gewesen sei. „Am späten Abend soll er in den Zellenbau des KZ verlegt worden sein. Zwei Tage später, also am selben Montag, dem 9. April, an dem auch die Morde in Flossenbürg vollzogen wurden, sei er vom Zellenbau zum Erschießungsgraben geschafft worden, wo sich auch eine Vorrichtung zum Erhängen befand; dieser Graben lag außerhalb der

Erschießungsgraben im Konzentrationslager Sachsenhausen

KZ-Mauern beim Krematorium: am Ende des Grabens der Kugelfang aus Holzbalken für den Schießstand; am oberen Balken waren Ringe für die Galgenseile angebracht.“[115]

Warum die Hinrichtungen in Flossenbürg und Sachsenhausen Mord waren[116]

In den Augen des NS-Regimes waren die Taten der Angeklagten von Flossenbürg und Sachsenhausen Hoch-, Landes- und Kriegsverrat. Auch nach dem Krieg versuchten die nunmehr selbst angeklagten Richter den Anschein zu erwecken, dass es sich bei den beiden „Prozessen“ in Sachsenhausen und Flossenbürg um ordentliche Gerichtsverfahren gehandelt habe.

Otto Thorbeck sagte später zu seiner Familie: „Nach damaligem Recht war es Landes- und Hochverrat, und darauf stand die Todesstrafe, nicht nur in Deutschland, sondern in jedem Land.“ Und an einen Freund schrieb er noch vor seinem eigenen Nachkriegsprozess: „Ernstlich etwas anhaben wird man mir wegen der C-Sache [C= Canaris] nicht, denn dass diese Leute Hoch- und

Kriegsverrat getrieben haben, steht einwandfrei fest... Verfahrensrechtlich war das von mir geleitete Gerichtsverfahren auch einwandfrei."[117]

Dennoch ist aus mehreren Gründen von den Verfahren in Sachsenhausen und Flossenbürg in rechtlicher Hinsicht von Mord zu sprechen:[118] Den Angeklagten standen keine Verteidiger zur Seite. Aus Sicht der NS-Richter, die den Tod der Angeklagten unbedingt wollten, wäre die Zeitdauer für die Beschaffung von Verteidigern zu lang gewesen. Flossenbürg und Sachsenhausen wären schon von den Amerikanern besetzt gewesen, und das Todesurteil hätte nicht mehr gesprochen und vollstreckt werden können.

Was ist von einem sogenannten ordentlichen Gerichtsverfahren zu halten, wenn einem Angeklagten (Wilhelm Canaris) dabei das Nasenbein gebrochen wird?

Eine ordnungsgemäße Verhandlung hätte niemals in einem KZ stattfinden dürfen, noch dazu, wenn der jeweilige KZ-Kommandant – Max Koegel, der ehemalige Schäfer und Bergführer, in Flossenbürg und Anton Kaindl, der vormalige Buchhalter, in Sachsenhausen – als Beisitzer bzw. als Vorsitzender fungierten. Hinzu kommt, dass schon von vornherein „die Stätten der vorgesehenen Hinrichtung zum Gerichtsort bestimmt"[119] worden waren.

Die „Verhandlungen" wurden nicht protokolliert; schriftlich niedergelegte Urteile gab es nicht. Ob in Sachsenhausen überhaupt eine „Verhandlung" stattgefunden hat, bleibt nach wie vor unsicher.

Bei einem Standgericht verlangt es die rechtliche Situation, dass die Taten unmittelbar zuvor stattgefunden haben müssen, was aber nicht der Fall gewesen ist. Ein SS-Richter hätte nicht über Wehrmachtsangehörige zu Gericht sitzen dürfen – auch dann nicht, wenn es der Führer als Gerichtsherr angeordnet hat. Mit dem Vernichtungsbeschluss Hitlers waren die Urteilsfindung und das Urteil schon vorweggenommen. Die Todesurteile hätten vom Gerichtsherrn bestätigt werden müssen.[120] Das qualvolle Erhängen der Widerstandskämpfer im unwürdigen und nackten Zustand offenbart, dass es sich nicht um „gerechte" Strafen, sondern um Racheakte gehandelt hat.

Wer machte Fehler? – Gab es Verräter?

Trotz seiner taktischen und intellektuellen Fähigkeiten unterlag Wilhelm Canaris am Ende seinen Gegnern. Die Gestapo brachte ihn zu Fall und hob das Widerstandsnest innerhalb der Deutschen Abwehr aus. Nach der Aufdeckung der Prager Devisenaffäre und den Verhaftungen von Dohnanyi, Bonhoeffer und später auch von Oster schrieb Canaris in sein Tagebuch: „Der Verlust Osters, Dohnanyis und Bonhoeffers wiegt schwer. Das alles haben wir den unkontrollierten Reden und den Devisenverschiebungen von Schmidhuber und Müller zu verdanken. Von Sch. [Schmidhuber] hatte ich nichts anderes erwartet und bei Müllers Verwendung war mir auch nie wohl zumute. Wenn alles einmal vorbei ist und der Krieg beendet ist, muss den beiden ein Prozess gemacht werden!“[121]

Canaris vermutete nicht ohne Grund, dass sowohl der zwielichtige Schmidhuber als auch der leichtsinnig agierende Müller bei den entsprechenden Devisenbeschaffungen für die Rettung von Juden zusätzlich auf ihren eigenen Vorteil bedacht waren. Beide wollten – davon war Canaris überzeugt – auch privat profitieren: „Und dieses Verdienen-wollen verleitete sie zu Devisenschiebungen, die schließlich zu den ersten Verhaftungen bei der Abwehr führten.“[122]

Mit Sicherheit wusste Canaris, dass Wilhelm Schmidhuber bei der „Arisierung“ der zahlreichen Brauereien des jüdischen Unternehmers Ignatz Nacher im Frühjahr 1934 den größten Teil der Aktien als lukrative Geldanlage übernommen hat. Das Vertragswerk dazu hatte Josef Müller als findiger Rechtsanwalt erstellt und dabei selbst gut verdient.[123]

Auf die Frage, wohin die von der Prager Zollfahndung gefundenen Devisen hätten fließen sollen, hatte Müller angegeben, dass sie für den Vatikan bestimmt gewesen seien. Canaris warf daraufhin Müller in einem hitzigen Gespräch in München vor, dass er nicht den Heiligen Vater zum V-Mann machen könne und dass er Müller fortan alle Eigenmächtigkeiten verbiete.[124]

Die SS hatte immer den Verdacht, dass die Kontakte der Abwehr zu verschiedenen in- und ausländischen Kreisen, benutzt worden sind, um Verbindungen zu Oppositionskreisen im Ausland zu knüpfen. Der Verdacht erhärtete sich, weil der Termin der deutschen Westoffensive ganz offensichtlich an den Feind verraten worden war. Über Müller hatte der Vatikan tatsächlich vorzeitig von dem Angriff erfahren. Die Terminweitergabe erfolgte ohne Rücksprache mit Canaris. Als der SD (Sicherheitsdienst) fast schon über den Beweis verfügte, konnte Canaris durch schnelles Handeln in einer schier ausweglosen Situation gerade noch die drohende Gefahr abwenden.[125]

Auch Hans Oster hatte einen entscheidenden Fehler gemacht, als er – ebenfalls ohne Rücksprache mit Wilhelm Canaris – dem holländischen Militärattaché Oberst Sass die möglichen Angriffstermine der deutschen Westoffensive mitteilte.[126] Damit bestätigte sich Canaris‘ Befürchtung, dass Oster als sein Hauptmitarbeiter in der Zentralabteilung „durch sein hemmungsloses, beinahe selbstmörderisches Vorwärtsstürmen und durch die oft – auch für andere – gefährlich offene Rede Schaden bringen könnte."[127] Aber auch hier versuchte Canaris das vorschnelle Reden und Handeln Osters nachträglich zu decken. Er schätzte ihn als zuverlässigen Mitarbeiter und wichtigen Verbindungsmann zu anderen Widerstandskreisen.

Die Zossener Aktenfunde mit Auszügen aus Canaris´ Tagebüchern und der von Dohnanyi zusammengestellten „Skandalchronik" lieferten der SS die langersehnten Bestätigungen, dass die verhafteten Mitarbeiter der Abwehr Kriegs- und Landesverräter waren. Das durchaus geschickte Verhalten Canaris‘ und seine Argumentation, es handele sich bei den Unterlagen nur um „Spielmaterial" der Abwehr, konnte am Ende seine Gegner nicht mehr überzeugen, vor allem weil bei einem zweiten, zufälligen Aktenfund in Zossen weitere Tagebuchaufzeichnungen Canaris‘ entdeckt worden waren.[128]

Hitler, bereits am 5. April im Bunker der Reichskanzlei damit konfrontiert, geriet derart in Wut, dass er die Tötung der Widerstandskämpfer befahl. Der Vernichtungsbeschluss könnte aber auch darin seinen Grund gehabt haben, dass sich in den Aufzeichnungen von Canaris Informationen über die geheimen Verbindungen Martin Bormanns zum Osten finden, die ihn als Ostspion verdächtigten. Bormann galt zuletzt als der engste Vertraute Hitlers. Klaus Benzing schließt deshalb nicht aus, dass Bormann, konfrontiert mit diesem Verdacht, selbst die sofortige Vernichtung der Verschwörer – an Hitler vorbei – befohlen habe.[129]

Anzunehmen ist, dass Canaris noch in Flossenbürg versucht hat, Bormann als Sowjetagenten zu kennzeichnen, um Zeit zu gewinnen und die Todesstrafe von sich und den anderen abzuwenden. Dass ihm vor allem deshalb das Nasenbein gebrochen wurde, hält der Verfasser nicht für unwahrscheinlich.

Hans von Dohnanyi äußerte im November 1944 in einer verschlüsselten Nachricht an seine Frau Christine: „Ein Schwächling muss alles preisgegeben haben."[130] Er vermutete, dass jemand das geheime Versteck der Akten der Widerstandsgruppe in Zossen verraten hatte. In seinem letzten Kassiber am 8. März 1945 schrieb er: „... sie haben alles, aber auch alles in der Hand. Wer der Verräter ist – ich weiß es nicht – es ist mir letztlich auch gleichgültig."[131]

Oberstleutnant Werner Schrader, ein enger Vertrauter von Wilhelm Canaris, hatte mit Hilfe seines Fahrers, Kurt Kerstenhahn, wohl den größten Teil der Geheimakten nach Zossen gebracht und selbst noch Unterlagen hinzugefügt, aus denen das verbrecherische Besatzungsverhalten der Wehrmacht im Osten hervorging. Einen Teil der Tagebücher Canaris' und der „Skandaldokumentation", vergrub er auf dem Gelände seines Schwagers bei Braunschweig. Als seine Verhaftung bevorstand, nahm Schrader sich in Zossen das Leben, woraufhin seine Frau auch die vergrabenen Tagebücher und Unterlagen verbrannte.

Kurt Kerstenhahn sprach im September 1944 bei Huppenkothen und Sonderegger vor und führte sie zu dem geheimen Panzerschrank in Zossen.[132] Als Huppenkothen in Sachsenhausen die entscheidende Akte aus dem Zossener Fund auf das Bett warf, nannte er auch den Namen eines Offiziers, der alles verraten haben soll. Dohnanyi glaubte ihm nicht, weil er den Offizier gut gekannt hatte. Nur seiner Frau soll er den Namen mitgeteilt haben. Aber auch sie hat ihn nie preisgegeben.[133]

Karl-Hans Kern, ehemaliger Pfarrer, Bundestagsabgeordneter und Delegierter bei den Vereinten Nationen, hat keine eindeutigen Beweise für einen Verräter gefunden. Aber auf Grund der von ihm aufgeführten Indizien gelangte er zu dem Schluss, dass Josef Müller der Verräter gewesen sein muss. Dazu zitierte er Korvettenkapitän Franz Liedig, der mit Bonhoeffer nach Buchenwald gebracht wurde und der zusammen mit Müller aus dem Holzvergaser herausgerufen worden war. Liedig, selbst Abwehrmitglied und Widerstandsbeteiligter, sagte nach dem Krieg zu seinem Freund Friedrich Großkopf, dem Piloten von

Wilhelm Canaris, „dass am 9. April 1945 nur diejenigen gehängt wurden, die Josef Müller verraten hatte."[134]

Für Karl-Hans Kern ist klar, die nach dem Krieg von Müller nahezu gebetsmühlenartig erhobenen Behauptungen, er habe keine Namen verraten, seien letzten Endes eine psychologisch erkennbare Selbstanklage gewesen.[135] Bei den Verhören in Flossenbürg durch Huppenkothen und Stawizki und bei der hektischen Suche in den Zellen des Flossenbürger Arrestbaues nach Bonhoeffer muss Müller, nach Meinung von Kern, die Information weitergegeben haben, dass Bonhoeffer gar nicht in Flossenbürg sein kann. Er war ja im Unterschied zu ihm und Franz Liedig mit den anderen Gefangenen weitertransportiert worden. Auch muss Müller – so Kern weiter – schon zuvor bei den Verhören Verbindungen zwischen der Canaris-Gruppe und den Männern des 20. Juli angedeutet haben. Das soll auch der Grund gewesen sein, warum Müller nicht auf der von Huppenkothen zusammengestellten Liste derer stand, die Thorbeck zum Tod verurteilen sollte; man erwartete von ihm noch weitere Informationen.

Indirekt spricht Kern den Verdacht aus, Müller sei wegen seiner Informationen an die SS gleichsam mit der Verschonung vom Galgen belohnt worden. Denn offensichtlich waren seine Widerstandsaktivitäten wegen der vielfältigen Verbindungen zum Vatikan und der Devisenschiebereien in den Augen der SS weitaus schwerwiegender und verurteilungswürdiger als Bonhoeffers Agententätigkeiten.

Wie sehr die Vermutungen Kerns zutreffen könnten, zeigt sich auch darin, dass zwischen Hitlers oberstem Leibwächter Hans Rattenhuber als Vetter des Privatbankiers Eidenschink und Josef Müller schon 1934 eine enge Verbindung bestanden und er ihm und seiner Frau bei eventuell auftretenden Schwierigkeiten finanzielle Hilfe zugesagt hat.[136] Kern untermauerte seine Vorwürfe auch mit dem Hinweis, dass Friedrich Großkopf nach dem Krieg Müller aufgefordert hatte, öffentlich zu den Anschuldigungen von Klaus Benzing in dessen Buch „Der Admiral" Stellung zu beziehen. Kern hat sich Benzings Argumentation voll und ganz angeschlossen.

Der sonst so gesprächige und mitteilsame Müller ist dem Ansinnen von Großkopf niemals nachgekommen. Zusätzlich will Kern erfahren haben, Huppenkothen habe nach dem Krieg – angeklagt wegen der Morde in Flossenbürg und

Sachsenhausen – Josef Müller gebeten, seine Verteidigung zu übernehmen. Mit Alfred Seidl, Müllers CSU-Parteigenosse und später bayerischer Innenminister, fand Huppenkothen einen Geistesverwandten, der ihn mit spektakulären Auftritten in äußerst zweifelhafter Weise verteidigte.[137]

Warum ist Josef Müller dem Galgen entkommen?

Josef Müller, geboren am 27. März 1897 in Steinwiesen/Ofr., erhielt wegen seiner bäuerlichen Herkunft den Zusatznamen „Ochsensepp". Die liebevoll-spöttische Bezeichnung haftete ihm noch als bayerischer Justizminister an.

Nach seinem Kriegsdienst (1916-1918) holte Müller in Bamberg das Abitur nach und studierte Rechtswissenschaften und Volkswirtschaft in München, wo er seit 1927 als promovierter Rechtsanwalt tätig war. Schon frühzeitig lehnte er die rechtsextremen Gruppierungen der Weimarer Republik ab. Die Abneigung verstärkte sich für den praktizierenden Katholiken und Abgeordneten der Bayerischen Volkspartei, als Hitler an die Macht gekommen war. In den Auseinandersetzungen mit Partei und SS vertrat er mehrfach die Interessen der katholischen Kirche. Dafür reiste er wiederholt nach Rom, um den damaligen Kardinalstaatssekretär Eugenio Pacelli, den späteren Papst Pius XII., und seinen Finanzberater in wirtschaftlichen Angelegenheiten zu beraten.

Seine Verbindungen zum Vatikan und seine kritische Haltung zum Hitlerregime waren der Deutschen Abwehr bekannt, und deshalb bat Hans Oster Ende 1939 Josef Müller, im Widerstand tätig zu werden. Ziel war es, den Papst zu bitten, eine Verbindung zu den Westmächten herzustellen. Auf geheimem Weg sollten sie davon überzeugt werden, dass Deutschland über eine ernst zu nehmende Militäropposition verfüge, die den Sturz Hitlers betreibe. Das Ausland sollte sich deshalb militärisch möglichst zurückhalten und Deutschland nicht zu einer Kapitulation zwingen. Müller nahm die notwendigen Sondierungen beim Vatikan vor. Sein Bericht darüber ging als „X-Bericht"[138] in die Akten ein, wobei sich hinter dem X Müllers Name verbarg. Die geheimen Informationen dieses Berichts fanden sich später auch bei den in Zossen entdeckten Unterlagen.

Müller wurde der Außenstelle München zugeteilt.[139] Als auch Dietrich Bonhoeffer dazu stieß, arbeiteten sie freundschaftlich-ökumenisch zusammen und unternahmen zusammen geheime Reisen nach Rom. Wie Bonhoeffer und Dohnanyi in Berlin wurde auch Josef Müller am 5. April 1943 in München verhaftet und in die Hauptstadt gebracht. Es folgten die Verhöre durch Walter Huppenkothen im Gefängnis und im Gestapo-Keller. Zusammen mit Bonhoeffer ging es für ihn nach Buchenwald und von dort nach Flossenbürg, wobei er, wie bereits dargelegt, vorzeitig den Holzvergaser verlassen musste (S. 51). Im Unterschied zu den anderen Widerstandskämpfern kamen er und Franz Liedig frei.

Josef Müller

Trotz seiner anerkennenswerten Tätigkeiten im Widerstand bleibt Müller eine schillernde und zwielichtige Person. Sein Leichtsinn und seine Geldschwäche führten schließlich dazu, dass die Gestapo auf die Abwehr aufmerksam wurde; damit trug er zum Anfang des Endes der Abwehr bei (S. 68).

Schaut man auf sein Verhalten vor seiner Tätigkeit in der Abwehr und in den Jahren nach dem Krieg, dann kommen noch stärkere Zweifel an seiner Redlichkeit und an dem Nimbus, den er sich mit seiner Autobiographie schuf. Seine angeblich projüdische Einstellung hat ihn nicht daran gehindert, ab 1933 erfolgreicher Rechtsberater von mehreren Personen zu sein, die sich im Zusammenhang mit der sogenannten „Arisierung" preisgünstig jüdisches Besitztum aneignen wollten.[140] So entwarf er raffiniert formulierte Verträge zum Vorteil derer, die auf den billigen Erwerb jüdischen Eigentums hinausliefen. Auch nach 1945 hielt Müller die erfolgten „Arisierungen" für einwandfreie Geschäfte. Seiner Meinung nach basierten sie auf zivilrechtlicher Grundlage.[141]

Selbst gegenüber Philipp Auerbach, der nach dem Krieg als bayerischer „Staatskommissar für politisch, religiös und rassisch Verfolgte" stets darauf pochte, Entschädigungen an Opfer des Nationalsozialismus seien nicht vom Steuerzahler, sondern aus ehemaligem NS-Vermögen zu erbringen – also von den Personen, denen Müller günstig zur Übernahme jüdischen Eigentums verhalf – zeigte Müller ein für einen Juristen unverständliches, ja sogar rechtswidriges Verhalten. In einer breit angelegten Kampagne beteiligte er sich daran, dass Auerbach unter meist falschen Vorwürfen aus seinem Amt verdrängt und verurteilt wurde. Als der eigens eingesetzte Untersuchungsausschuss des bayerischen Landtags nach Auerbachs Suizid dessen Unschuld feststellte, musste Müller sein Amt als bayerischer Justizminister niederlegen. Er konnte oder wollte vor dem Ausschuss nicht den Nachweis erbringen, wofür er die vom Landesrabbiner Aron Ohrenstein erhaltenen Gelder – es waren Bestechungsgelder in Höhe von 50000 DM – verwendet hat.[142]

Nach dem Krieg erzählte Müller, in Flossenbürg wohl „vergessen"[143] worden zu sein. Doch das stimmt schon deshalb nicht, weil er in seiner Biographie weitere Möglichkeiten für sein Überleben in Betracht zog. So berief er sich nach den Nachkriegsprozessen Huppenkothens auf dessen Aussage, dass er, Müller, einfach „Glück" gehabt habe und die Serie seiner Verhöre am 5. April 1945 noch nicht abgeschlossen gewesen sei, weshalb Huppenkothen ihn nicht auf die Todesliste für SS-Richter Otto Thorbeck setzte.[144]

In seiner Autobiographie schildert Müller nicht ohne Stolz seine Gesprächstaktiken bei den Verhören. Immer wieder verblüffte er seine Verhörer mit frappierender Offenheit – so seine Behauptung. Weitere Fragen seien gestellt, Folgevernehmungen angesetzt worden. Dabei überrascht es, dass Müller im Unterschied zu allen anderen Verschwörern bei den Vernehmungen im Reichssicherheitshauptamt besondere Privilegien genoss. Sonderegger gestattete ihm den Briefwechsel mit seiner Frau. Außerdem durfte Müller als einziger Proviantpakete erhalten und bekam immer wieder Ergebnisse zum Stand der Ermittlungen mitgeteilt. Gelegentlich konnte er, allein gelassen im Verhörzimmer, unbeobachtet einen Blick in die eigenen Akten werfen. Einmal ließ er dabei sogar verdächtige Seiten verschwinden.[145] Mit Sicherheit lieferte Müller – gewollt oder ungewollt – für die SS auch hilfreiche Hinweise. Es liegt die Vermutung nahe, dass man ihn gerade deshalb zusammen mit Franz Liedig am 6. April aus dem Holzvergaser herausgerufen hat (S. 51). Man wollte von ihm in Flossenbürg weitere Informationen erhalten – insbesondere gegen Hans Oster und Wilhelm Canaris.

Allerdings ist auch zu fragen, ob Huppenkothen und Sonderegger nicht schon zu diesem Zeitpunkt um die enge Verbindung Müllers mit dem Chef des Reichssicherheitsdienstes, dem persönlichen Leibwächter von Adolf Hitler, Polizeimajor Hans Rattenhuber, gewusst haben und deshalb Müller bevorzugt behandelten. In diesem Falle wäre die Behauptung, „Glück" gehabt zu haben, sogar zutreffend.

Ein weiterer möglicher Erklärungsversuch Müllers für seine „Rettung" mutet kurioser an. Er schloss nicht aus, dass der NS-Staat von ihm als überzeugten Katholiken Informationen erhalten wollte, anhand derer sich beweisen ließe, in welchem Ausmaß das Christentum ein Feind des Deutschen Volkes sei.[146] Damit wäre er für die SS gleichsam zum Kronzeugen für die Dekadenz des Christentums geworden. Offenbar überschätzte Müller sich hier in grandioser Weise, gehörte er doch nicht zu den bedeutenden amtlichen Vertretern der katholischen Kirche und Lehre.

Noch abenteuerlicher klingt die Geschichte von der Rettung Müllers, die Nicolai Baron Freytag-Loringhoven von seiner Mutter erfahren haben will und auch dem Autor telefonisch bestätigte. Demnach hatte Müllers wundersame Schicksalswende ihren Grund in der freundschaftlichen Beziehung, die er mit Hans Rattenhuber pflegte. Wie es dazu kam, geht auf ein anderes Ereignis zurück.[147] Weil Rattenhuber um Müllers hervorragende Kontakte zum Vatikan wusste, wollte er als hochgestellter SS-Offizier einen Beitrag zur Rettung seines Bier- und Duzfreundes Müller leisten: Ende März 1945 traf Rattenhuber zufällig den Chef der Sicherheitspolizei Ernst Kaltenbrunner.[148] Das nahe Ende des Krieges vor Augen, empfahl Rattenhuber seinem SS-Kollegen, er möge bei den wohl kommenden Nachkriegsverhandlungen mit den Alliierten Josef Müller als nützlichen Kontaktmann einsetzen. Dies dürfte in der Nachkriegssituation positiv für die SS-Leute in den obersten Rängen sein.

Kaltenbrunner erinnerte sich einen Monat später an dieses Gespräch. Auf Nachfrage erhielt er die Information, dass Müller aufgrund des Vernichtungsbeschlusses Hitlers bereits mit den anderen Widerstandskämpfern der Deutschen Abwehr nach Flossenbürg gebracht worden sei, um hingerichtet zu werden. Kaltenbrunner ließ nun sofort ein Tele-Fax nach Flossenbürg senden, zur „Sicherstellung" Müllers. Die Nachricht kam allerdings nur unvollständig und größtenteils unleserlich an. Als der Adjutant Kaltenbrunners zur Sicherheit per Telefon in Flossenbürg nachfragte, ob man dem Befehl seines Vorgesetzten Folge geleistet habe, stand Müller – nach eigenen Worten – angeblich bereits ein zweites Mal nackt vor dem Galgen. Sein Leben war gerettet, und derjenige, der ihn zuvor bei den Verhören geschlagen und gedemütigt hatte, redete ihn nun freundlich mit „Herr Dr. Müller" an.[149]

Wenige Tage später – die anderen Widerstandskämpfer waren bereits hingerichtet – kam Müller im KZ Dachau an, wo ihm seine Sekretärin Anni Haaser mit Proviant versorgt haben soll. Im Auftrag von Huppenkothen ist sie noch am 9. April von Flossenbürg aus über das kommende Eintreffen Müllers in Dachau informiert worden.[150] Seine endgültige Befreiung erfolgte später in Südtirol.

Christlicher Widerstand?

Dietrich Bonhoeffer gilt als das leuchtende Beispiel für „christlichen Widerstand". Mitunter bezeichnet man ihn sogar als den „christlichen Theoretiker des Widerstands."[151] Tatsächlich ist uneingeschränkt anzuerkennen: Bonhoeffer hat sich wohl wie kein anderer als Pazifist und Christ gründlich mit dem Thema Widerstand auseinandergesetzt. Wenn er sich dabei auch apodiktisch geäußert hat, seine Begründungen für einen „christlichen Widerstand", der selbst den Tyrannenmord nicht ausschließt, dürfen nicht allgemeingültig genommen werden.

Bonhoeffer saß mehrere Wochen zusammen mit dem General und Theologen Friedrich von Rabenau in Buchenwald in einer SS-Gefängniszelle. Rabenau lehnte den Tyrannenmord entschieden ab. Mit Sicherheit haben die beiden in ihrer „Theologenzelle" nicht nur Schach gespielt, sondern auch ihre unterschiedlichen Standpunkte diskutiert. Es wäre interessant zu wissen, zu welchen Ergebnissen sie gekommen sind und ob sich einer von beiden mehr auf die Position des anderen zubewegt hat.

Mit seiner Äußerung, dass jeder, ob er will oder nicht, mitschuldig an der Ermordung von Tausenden von Menschen werde, wenn er nicht auch bereit sei, Hitler zu töten,[152] entfernte sich Bonhoeffer im Prinzip von seiner berühmten

Friedensrede auf Fanø 1934. In Anspielung auf den gewaltlosen Salzmarsch von Mahatma Gandhi im Jahr 1930 warf er die Frage auf, ob wir uns von den „Heiden im Osten“ beschämen lassen müssen, „wenn ein Volk – statt mit der Waffe in der Hand – betend und wehrlos“ dem Feind entgegentritt.[153]

Nach langem, innerem Ringen relativierte er seine pazifistische Haltung zumindest in diesem einen Punkt. Die Notwendigkeit für „verantwortliche Taten“ erwuchs für ihn aus echtem Mitleiden und aus Solidarität für Unterdrückte, Verzweifelte und vom Tod Bedrohte. Er betrachtete es als Christenpflicht, viele Menschen vor Verfolgung und Tod zu retten – auch wenn das den Tod des Despoten einschlösse. Zugleich wusste er um die Gefahr für sich selbst und dass er mit seinem Widerstandshandeln große Schuld auf sich laden würde. Das wäre allerdings auch für ihn der Fall gewesen, wenn er keinen Widerstand geleistet hätte.

Mehrmals stellte Bonhoeffer seinen Besuchern im Gefängnis die Frage, „ob das Sich-heraushalten aus politischen Konflikten nicht eine größere Schuld sei als das Sich-einlassen auf politisches Handeln, das im Konfliktfall nicht frei von Schuld sein kann. Nachfolge Jesu – so stand es für ihn fest – kann auch heißen: aus Nächstenliebe schuldig werden“[154] müssen.

Dabei ging es ihm nicht um die Realisierung ethischer Prinzipien oder um das blind-strikte Befolgen des fünften Gebots. Er verwarf sogar die Haltung Jesu gegenüber den mit dem Schwert dreinschlagenden Petrus. Dieser wollte bei der Gefangennahme Jesu das Leben seines Herrn und Meisters retten. Jesus aber sagte zu ihm: „Stecke dein Schwert weg. Deine Hilfe brauche ich nicht. Ich hätte Möglichkeiten der Rettung, die über deinen Horizont hinausgehen. Dein gewalttätiges Tun bringt dir nur selbst Unglück und Tod.“ (Matthäus 26, 51 f.)

Für Bonhoeffer waren die Konsequenzen klar, weil er als Folge seines Widerstands mit dem Tod rechnen musste und vor Gott auf Vergebung seiner Sünde hoffte. So gehörte auch das zu seiner Entscheidung: „Nimmt der Christ das Schwert, so wird er Gott täglich um Vergebung der Sünde und um Frieden anrufen“[155] müssen. Wenn ein Christ einen solchen Standpunkt einnimmt, so geschieht das aus einer inneren Freiheit heraus. „In konkreter Verantwortung handeln heißt in Freiheit handeln, ohne Rückendeckung durch … Menschen oder Prinzipien selbst entscheiden, handeln und für die Folgen des Handelns einstehen."[156] Es gibt auch „für den Menschen keine letzte Gewissheit",[157] ob solches Tun letztlich richtig ist und vor Gott bestehen kann.

Auf der Basis der Bergpredigt folgerte Bonhoeffer hochtheologisch weiter: „Weil es Jesus nicht um die Verwirklichung neuer ethischer Ideale, auch nicht um sein eigenes Gutsein, sondern allein um die Liebe zum wirklichen Menschen geht, darum kann er in die Gemeinschaft ihrer Schuld eintreten ... Aus seiner selbstlosen Liebe, aus seiner Sündlosigkeit heraus, tritt Jesus in die Schuld der Menschen ein, nimmt sie auf sich ... Wer sich in der Verantwortung der Schuld entziehen will, löst sich aus dem erlösenden Geheimnis des sündlosen Schuldtragens Jesu Christi und hat keinen Anteil an der göttlichen Rechtfertigung, die über diesem Ereignis liegt. Er stellt seine persönliche Unschuld über die Verantwortung für die Menschen, und er ist blind für die heillosere Schuld, die er gerade damit auf sich lädt."[158]

Bonhoeffer betonte die Verantwortung des Einzelnen – nicht die der Kirche, auch nicht die der Bekennenden Kirche in ihrer besonderen Stellung gegenüber den Deutschen Christen. Er ging sogar so weit, dass er im Falle eines von ihm selbst auszuführenden Attentatsversuchs zuvor aus der Kirche ausgetreten wäre.

Kirche habe „im Ausblick auf das Ende aller Dinge", im „Warten auf den Jüngsten Tag" eine andere Aufgabe. Ihr zentrales Anliegen müsse „die Predigt von dem auferstandenen Jesus Christus" bleiben. Dadurch zwinge sie die „Ordnungsmächte [also den Staat] zum Hören und zur Umkehr."[159]

Einen schwerwiegenden Vorwurf machte er allerdings der Bekennenden Kirche. Sie habe aus seiner Sicht bei der Judenfrage völlig versagt: „Sie hat ihr Wächteramt und ihr Trostamt oft verleugnet ... Sie war stumm, wo sie hätte schreien müssen."[160] Eberhard Bethge erinnerte in diesem Zusammenhang an Bonhoeffers Ausspruch in seiner Finkenwalder Zeit: „Nur wer für die Juden schreit, darf auch gregorianisch singen."[161]

Bonhoeffer als den „Vordenker und Theologe(n) des Widerstands par excellence"[162] zu sehen, der eine allgemeingültige „Theologie des Widerstands" vertreten wollte, wäre zu hoch gegriffen. Es wäre auch abwegig, überhaupt von einem christlichen oder nichtchristlichen Widerstand zu sprechen. Freilich: Die Motivation zum Widerstand fast aller in der Canaris-Gruppe war stark christlich geprägt. Das einigende Band war jedoch für alle die „radikale Ablehnung von

Totalitarismus, Rassenwahn und Menschenverachtung."[163] Deshalb ist es angemessener zu sagen: Bonhoeffer war – wie seine Mitstreiter bei der Deutschen Abwehr – „Christ im Widerstand".[164] Für ihn war es – neben seiner ohnehin starken ethischen Prägung – wichtig, über lange theologische Überlegungen hinweg, eine eigene Gewissensentscheidung zu treffen, um das Leid der Verfolgten und Unterdrückten zu beenden. Dabei vertraute und hoffte er auf Gottes Vergebung und Gnade. Vor diesem Hintergrund ist es bedauerlich, ja geradezu empörend, wenn manche von den sogenannten Querdenkern, Corona-Leugnern, Rechtsextremen und Leuten aus Kreisen der AfD Bonhoeffer missbrauchen, indem sie sich auf ihn und seinen „christlichen Widerstand" berufen.[165]

„Alles umsonst!" – wirklich?

Wer glaubt oder glauben machen will, die Ereignisse von damals gehörten einer dunklen und versunkenen Vergangenheit an und haben mit der Gegenwart nichts mehr zu tun, begeht einen gefährlichen Denkfehler. Denn: „Vergangenheit vergeht nicht." Sie lässt sich auch nicht „entsorgen". Gerade die historische und kritische Rückschau ist notwendig, um einen wachen Blick für die Gegenwart und Orientierung für die Zukunft zu bekommen. „Wer wissen will, wie es weitergeht und wo er hin soll, muss wissen wo er herkommt und wo er steht."[166]

Wenn man auf das tragische Ende des NS-Widerstands schaut, könnte man zu dem Schluss gelangen, letztlich sei doch alles umsonst gewesen. Den Widerstandskämpfern hat ihr Tun den Tod gebracht. Ihre Ziele wurden nicht erreicht. Zusätzlich kam unendliches Leid über die Angehörigen der Ermordeten, und der Diktatur in Deutschland wurde schließlich von ganz anderer Seite ein Ende bereitet.

Frohlocken mögen die Trägen und Angepassten, die sagen: Da zeigt es sich wieder, dass man als Einzelner gegen die Übermacht der anderen nichts ausrichten kann. Und manche Religiöse mögen innerlich erleichtert aufatmen und demütig-fromm sagen: „Der Herr wird's schon richten" und sich dabei auf das alttestamentliche Mose-Wort berufen: „Der Herr wird für euch streiten, und ihr werdet stille sein." (2. Mose 14, 14) In einer Denkschrift der Hannoverschen

Landeskirche steht noch 1946 geschrieben: „Wir glauben, dass es der Lehre der Heiligen Schrift entspricht, wenn die Kirche das Wort Gottes bezeugt, die Gemeinschaft der Gemeinden zu bauen und zu festigen sucht und im Übrigen dem Gericht Gottes, das die Tyrannen dieser Welt immer noch zur rechten Zeit ereilt hat, nicht vorgreift."[167]

„Zerreißt den Mantel der Gleichgültigkeit…!"

Ganz anders hingegen Hans Scholl, der mit seinem Aufruf im fünften Flugblatt der Weißen Rose die Trägen, Apathischen, Resignierten und Feigen in Deutschland wachrütteln wollte: „Zerreißt den Mantel der Gleichgültigkeit, den Ihr um Euer Herz gelegt. Entscheidet Euch, eh es zu spät ist!"

Hans von Dohnanyi sah es für sich und seine Mitstreiter als selbstverständlich an, das vorhandene Unrecht nicht als gottgegeben und unabänderlich hinzunehmen. Noch im Gefängnis vermerkte er in einem Brieffragment: „Dietrich und ich haben die Sache ja nicht als Politiker gemacht. Es war einfach der zwangsläufige Gang eines anständigen Menschen."[168]

Auch Bonhoeffer gab sich nicht der Resignation und Hoffnungslosigkeit hin. Einige Stunden vor seinem sicheren Tod spricht er weniger vom eigenen Ende oder von dem des Widerstands, sondern voller Hoffnung vom Beginn und dem Sieg aller Anstrengungen, die ihren Grund in der „universalen christlichen Bruderschaft" haben, die sich über alle nationale Hassgefühle erhebt". (S. 53)

Beim Rückblick auf das Leben und Sterben der Widerstandskämpfer ist man beeindruckt, wie beispielhaft ihre Entschlossenheit und Furchtlosigkeit war, mit welchem Gottvertrauen sie den Kampf für eine gerechte und demokratische Welt aufgenommen und dabei sogar ihr Leben geopfert haben. War wirklich alles umsonst?

Christine von Dohnanyi hat in der Todesanzeige für ihren Mann einen Bibeltext gewählt, der eine zutiefst anrührende Vertonung im Requiem von Johannes Brahms gefunden hat. „Selig sind die Toten, die in dem Herrn sterben;" sie können nun von ihrer Arbeit ausruhen, „denn … ihre Werke folgen ihnen nach." (Offenbarung, 5, 13) Es war nicht alles umsonst. Andere werden sich von den gegebenen Beispielen anstecken lassen und das Werk weiterführen.

Auch auf der Gedenktafel an der Westwand des Arresthofes in Flossenbürg ist auf dem Querbalken des Kreuzes eine Bibelstelle aufgeführt. Ein Mut machender, auffordernder und Hoffnung weckender Zuruf an alle, die sich in Solidarität mit den Diskriminierten – ganz im Sinne des Jesus von Nazareth – für eine gerechte und friedliche Welt einsetzen: „Gott hat uns nicht gegeben den Geist der Furcht, sondern der Kraft und der Liebe und der Besonnenheit.“ (2. Timotheus 1, 7)

Wir müssen es nun als eine Gewißheit hinnehmen, daß mein lieber Mann, unser guter Vater

Hans von Dohnanyi

im April 1945 nach zweijähriger Haft im Konzentrationslager Sachsenhausen den Tod gefunden hat.

Er gab sein Leben im Glauben an Gott und das Recht und in großer Liebe zu Deutschland.

Im Namen der Familien Dohnanyi und Bonhoeffer:

Christine v. Dohnanyi, geb. Bonhoeffer
Barbara v. Dohnanyi
Klaus v. Dohnanyi
Christoph v. Dohnanyi

Selig sind die Toten, die in dem Herren sterben, von nun an. Ja, der Geist spricht, daß sie ruhen sollen von ihrer Arbeit; denn ihre Werke folgen ihnen nach. (Offenb. Joh. V. 13)

ANHANG

Dietrich Bonhoeffers Verlobung mit Maria von Wedemeyer[169]

Über Dietrich Bonhoeffer ist in der Literatur schon sehr viel geschrieben worden. Weniger bekannt ist, was ihn seelisch bewegte in seinem Verhältnis zum anderen Geschlecht. Als im Jahr 1937 die platonische Beziehung zu seiner Studienfreundin Elisabeth Zinn endete, meinte er, dass seine Berufung und Situation unvereinbar mit einer Ehe seien. Er sollte aber noch einmal anders denken.

In seiner Finkenwalder Zeit lernte er die Adelige Ruth von Kleist-Retzow kennen, eine willensstarke, vielseitige und gläubige Frau, die Bonhoeffer tatkräftig unterstützte. Er konfirmierte später vier ihrer sieben Enkel. Aber die Enkelin Maria von Wedemeyer erschien ihm 1938 noch zu jung, um sie am Unterricht teilnehmen zu lassen.

Vier Jahre später, am 8. Juni 1942 – kurz nach seiner Schwedenreise – besuchte Bonhoeffer wieder Ruth von Kleist-Retzow in Klein-Kösslin. Ihre Enkelin Maria hatte gerade das Abitur gemacht und war zufällig zu Besuch bei der Großmutter. Da Maria bereits am nächsten Tag abreisen musste, blieb nur wenig Zeit für eine Begegnung; aber die wenigen Augenblicke mit der hübschen, klugen und selbstbewussten jungen Dame lösten in Bonhoeffer einen Herzenssturm aus. Schon zuvor hatte er ihre Eltern kennengelernt, zwei bewusste Christen, die zu den Gründern der Berneuchener Brudergemeinschaft, einer Erneuerungsbewegung in der evangelischen Kirche, gehörten.

Bei einem erneuten Besuch im August 1942 bei Ruth von Kleist-Retzow – Maria war zum Bedauern Bonhoeffers nicht da – erfuhr er, dass Marias Vater in Stalingrad gefallen war. Erst im Oktober begegnete Bonhoeffer Maria wieder in Berlin, als sie ihre Großmutter im Krankenhaus besuchte. Die Großmutter hatte einen wachen Blick – trotz ihrer Augenoperation. Sie sah, dass Bonhoeffer für Maria Feuer gefangen hatte und auch ihre Enkelin sich über die häufigen Besuche Bonhoeffers bei der Großmutter im Krankenhaus sehr freute. Doch ihre Begegnungen waren überschattet: Auch Marias Bruder Max war im Krieg gefallen.

Maria von Wedemeyer

Ruth von Kleist-Retzow lud daraufhin Bonhoeffer – nicht ganz ohne Hintergedanken – zur Trauerfeier ein, ohne der Mutter Marias, Bescheid zu geben. Als diese davon erfuhr, lud sie Bonhoeffer umgehend wieder aus. Sie wusste um seine doppelte Tätigkeit als Mitarbeiter und Verschwörer in der Deutschen Abwehr. Außerdem sah sie mit Bedenken auf das Alter der beiden: Maria war 18; Dietrich hingegen 36.

Im November 1942 kam es zum Besuch bei Frau Ruth Wedemeyer, die Bonhoeffer zu sich eingeladen hatte. Der Inhalt ihres Gesprächs ist nicht bekannt, aber Maria wusste nun offenbar um die Liebe Bonhoeffers zu ihr. Mit Erlaubnis ihres Vormunds und ihrer Mutter schrieb sie Bonhoeffer einen Brief – und beantwortete eine Frage von ihm, die er gar nicht gestellt hatte: Es war ein deutliches „Ja".

Bonhoeffer schrieb am 17. Januar 1943 sofort zurück – das Datum gilt heute als das Verlobungsdatum. In dem Brief redete Bonhoeffer Maria von Wedemeyer zum ersten Mal mit „Du" an. Aber die Mutter verlangte von den beiden, dass sie sich eine sechsmonatige Warte- und Schweigezeit auferlegten, bevor sie wieder Briefkontakt aufnehmen würden. Aufgrund von Andeutungen der Großmutter, dass Dietrich in Gefahr sei, hat Maria die Kontaktstille vorzeitig gebrochen und voller Angst um Leben und Sicherheit bei Bonhoeffer in Berlin angerufen. Dietrich antwortete mit Zeilen voll innigster Verliebtheit. Erst als Dietrich gefangen in Tegel war, haben die beiden sich bei genehmigten Besuchen wiedergesehen.

Anmerkungen

1 Hier sei zusätzlich auf die Veröffentlichungen von Heiko Suhr zu Wilhelm Canaris und seine bislang noch unveröffentlichte Magisterarbeit verwiesen, die er dem Verfasser freundlicherweise zur Verfügung gestellt hat.

2 Vgl. dazu Abshagen, S. 20 f.

3 Suhr, S. 21

4 Benzing, S. 22

5 Ebd., S. 109

6 Rezension zum Sachbuch der FAZ vom 5.6.2000 zu Susanne Meinl, Nationalsozialisten gegen Hitler. Die nationalrevolutionäre Opposition um Friedrich Wilhelm Heinz, Berlin 2000

7 Dazu gehörte vor allem der regionale Führer der Organisation Consul, Friedrich Wilhelm Heinz, der aber von Hans Oster wegen seiner „Schwatzhaftigkeit" nicht weiter in die Vorbereitungen des Stauffenberg-Attentats eingeweiht worden war.

8 W. Canaris konnte seinen jüdischen Nachbarn nach dessen zweiter Verhaftung vor der Deportation retten. Suhr/Traeckner-Probst, S. 76. Ebenso initiierte er unter dem Deckmantel der Abwehr das „Unternehmen 7", wodurch dreizehn jüdische Mitbürger gerettet werden konnten.

9 Nach den Rücktritten des Oberbefehlshabers der Wehrmacht, Werner von Blomberg, wegen seiner Heirat mit einer angeblichen Prostituierten und des Oberbefehlshabers des Heeres, Werner von Fritsch, der auf Grund einer Namensverwechslung fälschlicherweise als Homosexueller hingestellt worden war, stellte sich Adolf Hitler 1938 selbst an die Spitze der Wehrmacht. Deshalb sah Canaris nunmehr deutlich die Gefahr eines heraufziehenden Krieges.

10 Benzing, S. 61

11 Ob Canaris zu dieser Haltung aus religiösen oder politischen Gründen gekommen war, muss offen bleiben. Beim 1938 geplanten Staatsstreich hatte er zu Recht die Befürchtung, dass eine Tötung Hitlers wieder zu einer Neuauflage der Dolchstoßlegende führen könnte.

12 Die „unehrenhafte Entlassung" Heydrichs erfolgte nicht durch Canaris, sondern durch Heydrichs Vorgesetzten Admiral Erich Raeder, der ihm vorwarf, eine geheime Verlobung mit der Tochter eines befreundeten Waffenschiebers „nicht eingelöst" zu haben. Canaris hatte auf der „Braunschweig" Heydrich zum Nachrichtenoffizier ausgebildet. Vgl. dazu Abshagen, S. 77

13 Heute Reichpietschufer, Teil des Bundesverteidigungsministeriums

14 Hier sei auch auf die Dissertation von Romedio Reichsgraf von Thun-Hohenstein verwiesen.

15 Von Thun-Hohenstein, S. 23

16 Der Beginn in einem Kavallerieregiment wäre für seinen Vater und die Familie seiner Schwester zu kostspielig gewesen.

17 Es handelt sich dabei um eine „Karnevals-Liebesaffäre" mit der Frau eines höheren Regierungsbeamten im Rheinland. Sie war Oster „im Karneval begegnet, ohne dass dieser von ihrem Mann etwas wusste. Oster stellte sich dem Beleidigten zu

dessen Genugtuung zum Duell zur Verfügung. Dieser forderte ihn jedoch nicht. Bald darauf wurde die Ehe mit Alleinschuld der Ehefrau geschieden." Von Thun-Hohenstein, S. 48

18 Franz Maria Liedig war Marineoffizier und wurde von Wilhelm Canaris in der Abwehrstelle Hamburg eingesetzt. Zwischen ihm und seinem Vorgesetzten Hans Oster entwickelte sich schon bei den Verschwörungsplänen 1938 gegen Adolf Hitler ein besonderes Vertrauens- und Freundschaftsverhältnis. Liedig war der Fahrer, der Oster zum niederländischen Gesandten Sasse fuhr. Oster hat ihm hernach noch im Auto gestanden, dass er soeben Sasse die Termine der Westoffensive verraten habe.

19 Chowaniec, S. 11

20 Ebd.

21 Als Sonderführer wurden bei der Wehrmacht all diejenigen bezeichnet, die trotz mangelnder militärischer Ausbildung Spezialkenntnisse hatten, die im Falle einer Mobilmachung von großem Nutzen sein konnten. Dohnanyis Ernennung war mit dem militärischen Dienstgrad eines Majors verbunden. Im Dienst trug er in der Regel zivil. Er teilte mit seinem Schwager Dietrich die Ablehnung alles Militärischen. Das Foto auf Seite 21 war – wegen der Uniformen – ein wohl ironisch zu nehmendes Weihnachtsgeschenk an Hans Oster. Vgl. Thies, S. 183

22 Zitiert nach Herman Bösch, in: Dignath, S. 69

23 Vgl. dazu Ernst Kanter, in: Dignath, S. 33 ff.

24 Als Reichskriegsgerichtsrat war Karl Sack allerdings unmittelbar vor dem Krieg selbst an 14 Todesurteilen wegen Hoch- und Landesverrat beteiligt.

25 Dies geschah auch mit den Akten von Josef Müller. Karl Sack hat ihm das später noch heimlich auf der Toilette im Gestapo-Keller zuflüstern können.

26 Schminck-Gustavus, Der Tod, S. 92

27 Vgl. dazu Annedore Leber, S. 378

28 Ludwig Gehre erzählte Josef Müller diese seine Geschichte in der gemeinsamen Zelle in Buchenwald. J. Müller, S. 236 f.

29 Vgl. dazu Fendt, Der General als Theologe, zitiert nach Ringshausen, S. 88

30 Ebd., S. 89

31 Ebd.

32 Trotz seines Einspruchs gegen die Ermordung von als „lebensunwert" eingestuften Menschen unterstützte Kardinal Graf von Galen im Gegensatz zu seinem Freund Friedrich von Rabenau bis zuletzt Hitlers Krieg, weil er ihn für gerechtfertigt hielt. Vgl. dazu Heinrich Misalla, Clemens August Graf von Galen – staatstreu bis zuletzt – Licht und Schatten eines militaristischen Oberhirten im Dritten Reich. In: Bürger, S. 119-135

33 Vgl. dazu Wikipedia, Friedrich von Rabenau

34 Ringshausen, S. 88

35 Bethge, S. 61

36 Karl Bonhoeffer, Lebenserinnerungen, S. 8, zitiert nach Metaxas, Bonhoeffer – Eine Biografie in Bildern, S. 17

37 Vgl. dazu Schlingensiepen, S. 34

38 DBW 12, S. 242 ff. und S. 257

39 Es ist unklar, ob diese Rede aus inhaltlichen Gründen oder wegen ihrer Überlänge vom Rundfunk abgebrochen wurde.
40 DBW 12, S. 353
41 Bethge, Bonhoeffer, S. 955
42 DBW 10, S. 338 f.
43 Zitiert nach Bald, S. 32
44 Es sei in diesem Zusammenhang darauf verwiesen, dass Bonhoeffer in seinem bekannten Gedicht und Gebet „Von guten Mächten wunderbar geborgen" nicht formuliert hat „Gott ist *mit* uns am Abend und am Morgen", sondern „Gott ist *bei* uns am Abend und am Morgen."
45 DBW 14, S. 112 ff. – Vgl. dazu auch Metaxas, Bonhoeffer, S. 160 f.
46 DBW 13, S. 272, Brief an seinen Bruder Karl-Friedrich, Januar 1935
47 Ebd.
48 Smid, S. 262
49 Josef Müller wurde später bekannt als Mitbegründer der CSU und bayerischer Justizminister. Weil er als Schüler in den Ferien als Fuhrknecht arbeitete, erhielt er den Beinamen „Ochsensepp".
50 DBW 16, S. 68 – Vgl. dazu auch Bald, S. 147
51 Friedrich Justus Perels war als Jurist Berater der Bekennenden Kirche. Durch D. Bonhoeffer bekam er Kontakt zu Widerstandskreisen. Wegen seiner Widerstandstätigkeiten wurde er vom Volksgerichtshof zum Tod verurteilt.
52 DBW 6, S. 67 f.
53 DBW 8, S. 20 ff.
54 Smid, S. 263
55 In einem Gespräch mit Werner von Haeften argumentierte Bonhoeffer: „Schießen hat gar keinen Zweck, wenn dann die nächsten zwei Hitlers da sind. Unser Problem ist nicht das Schießen, unser Problem ist, wie fangen wir die Zeit danach ab, dass es nicht schlimmer wird als vorher?" Wolf Dieter Zimmermann, Begegnungen mit Dietrich Bonhoeffer, zitiert von Ringshausen, S. 121
56 Vgl. dazu Bald, S. 153 ff.
57 Das Vertrauen Bonhoeffers zu Bischof Bell war so groß, dass er ihm Namen der militärischen Spitzen des Widerstands nannte.
58 Suhr, S. 122
59 Nach einer zuvor einmal gescheiterten Operation der Deutschen Abwehr, bei der Sabotagegruppen in den USA Anschläge hätten ausführen sollen, die Saboteure aber hingerichtet wurden, schrie Hitler Canaris an, dass er dazu lieber Juden hätte nehmen sollen.
60 Smid, S. 164
61 Dazu zählt auch das Verhalten von Hans Oster und Josef Müller bei der unvorsichtigen Weitergabe des Termins der Westoffensive an den niederländischen Gesandten und an den Vatikan in Rom.
62 DBW 16, S. 395-398
63 Leipziger Volkszeitung, 20. Juli 2019
64 Smid, S. 364
65 Den Text „Nach zehn Jahren – ein Rechenschaftsbericht an der Wende zum Jahr

1943" (DBW 8, S. 19 ff.) hatte Bonhoeffer vorsorglich schon zuvor in der Deckenverkleidung seines Arbeitszimmers versteckt. Metaxas, Bonhoeffer, S. 555

66 Hanna Solf setzte sich zusammen mit ihrem Mann entschieden für „Humanität, Recht und Frieden" ein. In dem eigens gegründeten Solf-Kreis organisierte sie regelmäßig Zusammenkünfte von Regimegegnern und Menschen aus dem In- und Ausland, die sie für den Widerstand gewinnen wollte.

67 Suhr weist in seiner Magisterarbeit überzeugend nach, dass nicht nur die Verhaftungen von Schmidhuber und Ickrath und die sogenannte Vermehren-Affäre das Ende der Abwehr einläuteten. Vielmehr habe es ein Geflecht von Intrigen gegeben, gesponnen hauptsächlich von Außenminister Ribbentrop, der der Deutschen Abwehr Fehler in der Außenpolitik unterstellte. Suhr, S. 138

68 Zu dieser Erkenntnis kommt Suhr im Gegensatz zu anderen Canaris-Biographen. Ebd., S. 142

69 DBW 8, S. 380 f.

70 DBW 8, S. 55

71 Vgl. dazu Kratzer, Dietrich Bonhoeffer, S. 7-13

72 Poelchau, Ordnung der Bedrängten, zitiert nach Schminck-Gustavus, Helfen verboten, S. 54

73 DBW 8, S. 204 f.

74 Siehe dazu Anhang „Dietrich Bonhoeffers Verlobung mit Maria von Wedemeyer""

75 Schminck-Gustavus, Der Tod, S. 13, spricht in diesem Zusammenhang von den „stillen, unbesungenen Helden".

76 Chowaniec, S. 59

77 Vgl. dazu auch das Protokoll der Nachkriegsvernehmung von Manfred Roeder und die Zeugenaussage von Christine von Dohnanyi, dargestellt und kommentiert in Schminck-Gustavus, Der Tod, S. 189 ff.

78 Bethge, Dietrich Bonhoeffer, S. 910

79 Ausführlich dazu die Nachkriegsvernehmungen von Albrecht Tietze in Schminck-Gustavus, Der Tod, S. 244-249

80 Smid, S. 452, und Chowaniec, S. 114

81 J. Müller, S. 229

82 Chowaniec, S. 107

83 Aufgabe der Wächter in Buchenwald war es, die Gefangenen so zu behandeln, dass sie vernehmungsfähig blieben. Neben einer Mittagssuppe gab es abends „etwas Brot, Fett und Marmelade". Bethge, Dietrich Bonhoeffer, S. 1027 ff.

84 Die Namen: Dietrich Bonhoeffer, Josef Müller, Hauptman Gehre, General von Falkenhausen, General von Rabenau, Staatssekretär Pünder, Wassily Kokorin, (Neffe von Molotow, Regierungschef und Außenminister der UDSSR) Hugh Falconer (Offizier, Funkexperte; Mitarbeiter des britischen Geheimdienstes), Payne Best (brit.Geheimdienstler), die Streithähne von Petersdorf und von Alvensleben, der KZ Arzt und Massenmörder Dr. Rascher, Dr. Heberlein (ehemaliger Gesandter in Spanien), Frau Heberlein, Frau Heidel, General Dr. Hoepner, Franz Liedig. – Nach Payne Best, Metaxas, S. 649 und S. 715

85 J. Müller, S. 243

86 Bethge, Dietrich Bonhoeffer, S. 1032

87 DBW 16, S. 468, und Reinhard Müller, S. 40 – Müller erinnert daran, dass auf Grund unglücklicher Missverständnisse und Verkettungen von Payne Best zwei Fassungen der letzten Worte von Bonhoeffer vorliegen. Zum einen der viel zitierte kurze Satz: „Dies ist das Ende – für mich der Beginn des Lebens"; zum andern die hier aufgeführten Worte, die auch einen ganz anderen theologischen Rückschluss erlauben. Müller weist, indem er sich auf Payne Best beruft, überzeugend nach, dass die längere Fassung von Bonhoeffers zuletzt bekannten Worten auch die glaubwürdigere ist.

88 Schminck-Gustavus, Der Tod, S. 264

89 Ebd., S. 277 f.

90 Eine offensichtliche Lüge von Huppenkothen. Der „Vorsitzende" bei der Verhandlung in Sachsenhausen war der dortige KZ-Kommandant Anton Kaindl, der bis zum Beginn seiner NS-Karriere als Buchhalter bei der Sparkasse Donauwörth beschäftigt war.

91 Nach einem zweiten Fund in Zossen wurden die Unterlagen dem Chef des Führerschutzkommandos SS-Standartenführer Hans Rattenhuber übergeben. Dieser händigte sie am 6. April 1945 Kaltenbrunner aus, der dann Hitler darüber informierte. Daraufhin habe Hitler die sofortige „Vernichtung der Verschwörer" angeordnet. Buchheit, S. 445

92 Schminck-Gustavus, Der Tod, S. 264

93 Vor seinem Beitritt zur NSDAP absolvierte Max Koegel eine Lehre als Schäfer und eine Ausbildung als Bergführer.

94 Stawizki trat nach seiner Teilnahme als Soldat im Ersten Weltkrieg in den Polizeidienst ein und wechselte 1933 zur Gestapo.

95 Auch mit dieser Darstellung wollte Thorbeck den Eindruck einer geordneten Verhandlung in der Umgebung Casinosaal erwecken. E. Bethge hingegen meint, dass die Wäscherei des Konzentrationslagers Verhandlungsort des Standgerichts gewesen ist. Bethge/Bethge/Gremmels, S. 232

96 J. Müller, S. 250

97 Karl Dieter Kern mutmaßt, dass Müller in dieser Situation vermutlich eine Information weitergegeben haben könnte. Müller nur konnte, neben Liedig und Gehre, wissen, dass Bonhoeffer im Holzvergaser weitertransportiert worden war und nicht in Flossenbürg sein konnte. Kern, S. 10

98 Ähnlich äußerte sich auch Heiko Suhr gegenüber dem Verfasser. Siehe dazu auch die Befragung Liedigs durch Helmut Krausnick in den 1950er Jahren. Institut für Zeitgeschichte, Zeugenschrifttum Franz Liedig

99 Vgl. dazu Endraß, S. 52 („Was geschah in Flossenbürg? – Versuch einer Rekonstruktion")

100 Ausführliche Darstellungen finden sich dazu in Schminck-Gustavus, Der Tod, S. 261-271. Dabei wird auch zutreffend der Versuch unternommen, die offensichtlichen Lügen und Widersprüche von Thorbeck und Huppenkothen herauszustellen.

101 Thorbeck als Zeuge im Münchner Prozess, zitiert von Schminck-Gustavus, Der Tod, S. 267

102 Schminck-Gustavus, Der Tod, S. 266, zitiert aus den Münchner Gerichtsverfahren gegen Otto Thorbeck

103 Buchheit, S. 445
104 Canaris hat hernach über Klopfzeichen mit seinem Zellennachbarn von einer „Vernehmung“ und nicht von einer Verhandlung gesprochen.
105 Bei einer seiner nachträglichen Zeichnungen (siehe Seite 61) muss sich Lunding bei der Zellennummer geirrt haben.
106 „Das Alphabet, ohne den Buchstaben J, wird in fünf Gruppen zu je fünf Buchstaben eingeteilt; das erste Klopfen gibt die Buchstabengruppe an, das zweite den Buchstaben innerhalb der Gruppe.“ Spiegel, Nr. 34/1976
107 Schminck-Gustavus, Der Tod, S. 272
108 Auch hier erinnerte sich Lunding genau an das Datum, weil der 9. April der Jahrestag des Einmarsches der deutschen Truppen in Dänemark war. Schminck-Gustavus, Der Prozess, S. 84
109 Schminck-Gustavus, Der Tod, S. 271. Ausführliches Zitat aus Protokollen im Jahr 1950, wo sich Lunding detailliert geäußert hat. Vgl. dazu auch Buchheit, S. 445
110 1997 befragt vom dänischen Mitherausgeber der Werke Bonhoeffers Jorgen Glenthoi. Schminck-Gustavus, Der Tod, S. 170 f.
111 Schminck-Gustavus, Der Tod, S. 20 – zitiert aus Rainer Mayer, Dietrich Bonhoeffers Todesstunde. Was geschah wirklich? Theologische Beiträge, Nr. 43/2021 S. 274 ff.
112 Bethge, Dietrich Bonhoeffer, S. 1038
113 Ebd., S. 18
114 Schminck-Gustavus, Der Tod, S. 261
115 Ebd., S. 163
116 Vgl. dazu Heinz Ponnath und Günter Müller
117 Dies berichteten Sohn Uwe und Schwiegertochter Hanna Thorbeck in einem Interview, das der Verfasser am 9. Juni.2005 zusammen mit Elke Endraß geführt hat.
118 Vgl. dazu die Ausführungen der Juristen Günter Müller, Heinz Ponnath und Christoph Schminck-Gustavus
119 Schminck-Gustavus, Der Tod, S. 306
120 Dies ist nicht geschehen – auch wenn Walter Huppenkothen beteuert hat, dass es telefonisch erfolgt sein soll. Außerdem hätte Huppenkothen nicht bei den Hinrichtungen anwesend sein dürfen. Wegen dieser zwei „Formfehler“ – und nur wegen dieser – wurde Huppenkothen nach einem ersten Freispruch zu sechs Jahren Gefängnis verurteilt, von denen er aber nur drei Jahre absitzen musste. Thorbeck wurde letztlich ganz freigesprochen.
121 Benzing, S. 145
122 Dass es Josef Müller nicht um „Eigennutz“ ging, ist mehr als zu bezweifeln. Auch im Untersuchungsausschuss zur Auerbach-Affäre 1952 konnte er nicht nachweisen, wohin die vom Landesrabbiner Ohrenstein erhaltenen 50 000 DM verschwunden sind, was letztlich auch zu seinem Rücktritt als bayerischer Justizminister führte. Josef Müller war bekannt, dass er gerne mit bayerischen Methoden dafür sorgte, für seine neu gegründete Partei Geld einzutreiben. „Ochsensepp – Amt zur Verfügung“, Spiegel, Nr. 23/1952
123 Ludwig, S. 87
124 Benzing S. 146. Das Gespräch fand im Hotel „Regina“ in München statt. Vermut-

lich war Canaris – die Brisanz der Situation erkennend – eigens dazu nach München geflogen. Ein anwesender Vertrauter von Canaris übermittelte persönlich nach dem Krieg den Gesprächsinhalt Klaus Benzing.

125 Nachdem dem SD bekannt geworden war, dass jemand von der Deutschen Abwehr den Termin der Westoffensive verraten haben musste, sandte Canaris Josef Müller – also den ohnehin von der SD Verdächtigten – nach Rom, um den „Verräter" ausfindig zu machen. Mit demselben Auftrag wurde von Hauptmann Rohleder – Abteilung II der Deutschen Abwehr – der jüdische Journalist Stern nach Rom entsandt, um den Verräter zu finden. Stern übermittelte Rohleder, dass nur Josef Müller der Verräter gewesen sein könne. Als Stern in Rom vom SD verhaftet wurde, bestand höchste Gefahr für Canaris und die Deutsche Abwehr. In einer schnellen Reaktion schaltete sich Canaris ein und reklamierte mit Erfolg gegenüber dem SD, dass Stern der Gefangene der Deutschen Abwehr sei. In dieser wohl gefährlichsten Situation gelang es Canaris wiederum, seine schützende Hand über Hans Oster und Josef Müller zu halten. Vgl. dazu auch Benzing, S. 99 und S. 208 f.

126 Benzing, S. 57

127 Ebd.

128 Bei der Suche nach einem Dienstraum entdeckte General Walter Buhle in Zossen einen weiteren verschlossenen Panzerschrank. Die dort gefundenen Tagebuchaufzeichnungen von Admiral Wilhelm Canaris leitete er sofort über Brigadechef Hans Rattenhuber und Gestapochef Heinrich Müller an Reichssicherheitshauptamtschef Ernst Kaltenbrunner weiter, der sie mit vorgenommenen Markierungen am 5. April 1945 Hitler vorlegte. Der befahl daraufhin sofort die Vernichtung aller Verschwörer.

129 Benzing, S. 144

130 Bethge, Dietrich Bonhoeffer S. 1050

131 Ebd., S. 1013

132 Smid, S. 430, und Benzing S. 206

133 Bethge, S. 1050

134 Kern, S. 14

135 Niemand hat Müller nach dem Krieg den Vorwurf gemacht, dass er jemanden verraten habe. Damit gilt für Kern die alte psychologische Weisheit: Wer sich verteidigt, ohne angeklagt zu sein, klagt sich selbst an. Kern, S. 5

136 Ludwig, S. 91

137 Hermann Göring soll bei den Nürnberger Prozessen gesagt haben, dass er Seidl als Verteidiger gewählt hätte, wenn er mit ihm früher bekannt gewesen wäre. Ch. Schminck-Gustavus, Der Tod, S. 217 und S. 310 ff.

138 Müller wurde hier nie namentlich, sondern nur als Herr X erwähnt. Erstellt und redigiert wurde der X-Bericht in seiner Endfassung von Hans und Christine von Dohnanyi zusammen mit Josef Müller.

139 Vgl. dazu Schminck-Gustavus, Der Tod, S. 35 ff.

140 Dazu gehörten der Industrielle Ignatz Nacher, Direktor der zweitgrößten Brauerei Deutschlands, die Unternehmer des Kalbfutterwerks Feldafing, die der Schuhfabrik Weihermann Burgkunstadt und viele andere.

141 Angesprochen auf seine Mitwirkung bei den brutalen Enteignungen, sagte Müller

1949: „Nach meinem Empfinden war es ein absolut klares Geschäft auf zivilrechtlicher Grundlage.“ Ludwig, S. 95

142 Siehe dazu „Ochsensepp – Amt zur Verfügung“, Spiegel, Nr. 23/1952; Spiegel, Nr. 19/1952; Wikipedia, „Philipp Auerbach“ und „Aaron Ohrenstein“; Ludwig, S. 87 f.

143 J. Müller, S. 250

144 Ebd., S. 279 f.

145 Michael Müller, S. 19

146 Ebd.

147 Als politischer Berater des bayerischen Ministerpräsidenten Held war Müller gerade in dessen Amtssitz, als im März 1933 SS-Chef Heinrich Himmler mit der Reitpeitsche in Helds Büro stürmte und diesen zum „freiwilligen“ Rücktritt aufforderte. Ihm blieben zwei Stunden Bedenkzeit. Ein knappes Jahr später wurde Müller unter dem Verdacht, zu den katholischen Regimegegnern zu gehören, verhaftet. Himmler leitete das Verhör und fragte Müller als den ehemaligen Berater von Ministerpräsident Held, was er diesem ein Jahr zuvor während der Bedenkzeit geraten habe. Müllers Antwort verblüffte Himmler, weil Müller offen bekannte, „dass er darauf gedrängt habe, Himmler erschießen zu lassen.“ Beeindruckt von der Courage seines Gefangen ließ Himmler ihn gehen. Von dieser Begebenheit hatte auch der ehemalige Polizist, nunmehr Kommandant von Hitlers Leibwache, Johann Rattenhuber, gehört. Abgestoßen von den vielen Jasagern unter den SS-Größen wollte er seinen mutigen und couragierten bayerischen Landsmann persönlich kennenlernen. Bei mehreren Glas Bier schlossen beide „Bierbruderschaft“. J. Müller, S. 63. Diese ermöglichte nun auch immer wieder den Austausch von gegenseitig hilfreichen Informationen. Vgl. dazu auch Riebling, S. 61 f.

148 Nicolai Baron Freytag-Loringhoven im austria-forum.org. – Hans Rattenhuber hatte nach dem Krieg mit Anni Haaser, der Sekretärin Müllers, Kontakt aufgenommen und ihr von dieser Rettung Müllers berichtet. Sie erzählte diese Geschichte ihrer Freundin, der Mutter von Nicolai Freytag-Loringhoven.

149 J. Müller, S. 252 f.

150 Kern, S. 11

151 Bethge, S. 896

152 Wind, S. 123

153 DBW 13, S. 300

154 Wind, S. 122

155 DBW 14, S. 795

156 DBW 6, S. 220

157 Zitiert nach Ringshausen, S. 118

158 Wind, S. 122

159 DBW 6, S. 124

160 Ebd., S. 129

161 Bethge, Dietrich Bonhoeffer, S. 685

162 Dramm, S. 240

163 Prantl, S. 15

164 Dramm formuliert: „Bonhoeffer war nicht der Theologe des Widerstandes, er war

ein Theologe im Widerstand. Genauso wenig hat er etwa aus einem dezidierten politischen Entwurf heraus gehandelt."

165 Siehe dazu „Rheinzeitung", 17.2.2022, „Corona-Gegner singen ‚Von guten Mächten'"; „Publik-Forum", 5.3.2020: „Was hat Bonhoeffer mit Trump zu tun? – Dietrich Bonhoeffer wird missbraucht: Wie rechte Ideologen versuchen, den Theologen und Widerstandskämpfer zu kapern."

166 Nürnberger, S. 287 f.

167 Perels, S. 286

168 Brieffragment an Otto John, zitiert von Smid, S. 470

169 Aus der Einführungsrede des Verfassers zu einer szenischen Darstellung der Brautbriefe zwischen Bonhoeffer und Maria Wedemeyer im Evangelischen Bildungwerk Oberpfalz am 16.4.2015

Literatur

Abshagen, Karl Heinz: *Canaris – Patriot und Weltbürger,* Stuttgart 1955

Bald, Detlef: *Dietrich Bonhoeffer – Der Weg in den Widerstand,* Darmstadt 2021

Benzing, Klaus: *Der Admiral – Leben und Wirken,* Nördlingen 1973

Bethge, Eberhard: *Dietrich Bonhoeffer. Theologe – Christ – Zeitgenosse. Eine Biographie,* München [8]2004

Bethge, Renate: *Dietrich Bonhoeffer – Eine Skizze seines Lebens,* Gütersloh 2004

Bismarck, Ruth-Alice von/Kabitz, Ulrich: *Brautbriefe Zelle 92 – Dietrich Bonhoeffer Maria von Wedemeyer 1943-1945,* München [6]2010

Bonhoeffer, Dietrich: *DBW Bd. 6 – Ethik,* [= Dietrich Bonhoeffer Werke] Gütersloh 2015

– DBW Bd. 8 – Widerstand und Ergebung , Gütersloh 1998

– DBW Bd. 10 – Barcelona, Berlin, Amerika 1928-1931, Gütersloh 2015

– DBW Bd. 11 – Ökumene Universität Pfarramt 1931-1932 , Gütersloh 1994

– DBW Bd. 12 – Berlin 1932-1933, Gütersloh 2015

– DBW Bd. 13 – London 1933-1935, Gütersloh 2015

– DBW Bd. 14 – Illegale Theologenausbildung Finkenwalde 1935-1937, Gütersloh 2015

– DBW Bd. 16 – Konspiration und Haft 1940-1945, Gütersloh 2015

Buchheit, Gert: *Der Deutsche Geheimdienst – Geschichte der militärischen Abwehr,* München 1966

Bürger, Peter (Hrsg): *„Es droht eine schwarze Wolke" – Katholische Kirche und Zweiter Weltkrieg,* Bremen 2018
Chowaniec, Elisabeth: *Der „Fall Dohnanyi" 1943-1945 – Widerstand, Militärjustiz, SS-Willkür* [= Schriftenreihe der Vierteljahresschrift für Zeitgeschichte, Bd. 62], München 1991
Dignath, Stephan: *Dr. Karl Sack – Ein Widerstandskämpfer aus Bosenheim – Gedenkschrift,* Bad Kreuznach 1985
Dramm, Sabine: *V-Mann Gottes und der Abwehr? – Dietrich Bonhoeffer und der Widerstand*, Gütersloh 2005
Endraß, Elke: *Bonhoeffer und seine Richter – Ein Prozess und sein Nachspiel,* Stuttgart 2006
Hrdlicka, Manuela R: *Alltag im KZ – Das Lager Sachsenhausen bei Berlin,* Opladen 1992
Huber, Wolfgang: *Dietrich Bonhoeffer – Auf dem Weg zur Freiheit – Ein Portrait,* München 2019
Kern, Karl-Hans: *Die Geheimnisse des Dr. Müller – Mutmaßungen zu den Morden von Flossenbürg 1945 und Pöcking 1960,* Berlin 2000
Keyserlingk-Rehbein, Linda von: *Nur eine „ganz kleine Clique"? – Die NS-Ermittlungen über das Netzwerk vom 20. Juli 1944,* Berlin 2018 / 2019
Kratzer, Siegfried: *„Von guten Mächten wunderbar geborgen" – Dietrich Bonhoeffer – Sein Weg, sein kurzes Leben.* Begegnung und Gespräch – begegung-online.de 2015
– Dietrich Bonhoeffer – sein Mut macht noch heute Mut – Erinnerungen und Gedanken zu seinem 75. Todestag, München Heilsbronn Amberg; begegung-online.de 2020
Leber, Annedore (Hrsg.): *Das Gewissen steht auf – Lebensbilder aus dem deutschen Widerstand,* Velbrück 1984
Lillteicher, Jürgen: *Profiteure des NS Systems? – Deutsche Unternehmen und das „Dritte Reich"*[= Schriftenreihe der Stiftung Denkmal für die ermordeten Juden Europas, Bd. 3], Berlin 2006
Ludwig, Johannes: *Boykott Enteignung Mord – Die Entjudung der deutschen Wirtschaft,* Hamburg München 1989
Metaxas, Eric: *Bonhoeffer – Eine Biographie in Bildern,* Holzgerlingen 2013
– Bonhoeffer – Pastor, Agent, Märtyrer, Prophet, Übersetzung: Lux Friedemann aus dem Englischen, & Mayer Reinhard Deutsche Fassung bearbeitet, Holzgerlingen 2012
Müller, Günter: *Dietrich Bonhoeffer und seine Richter,* München/Heilsbronn/ Amberg, www.begegnung-online.de 2001
Müller, Josef: *Bis zur letzten Konsequenz – Ein Leben für Frieden und Freiheit,* München 1967
Müller, Michael: *Canaris – Hitlers Abwehrchef,* Berlin 2006

Müller, Reinhard: *„Die Kraft der menschlichen Beziehungen" – Bonhoeffers „letzte Worte" und ihre verschlungenen Wege.* In: Verantwortung. Zeitschrift des Dietrich-Bonhoeffer-Vereins, Nr. 70, Dezember 2022
Nürnberger, Christian: *Mutige Menschen – Widerstand im Dritten Reich,* Stuttgart/Wien 2010 (Schulausgabe)
Pangritz, Andreas: *„Teure Gnade" und „Spielraum der Freiheit" – Anmerkungen zu Bonhoeffers (kritischer) Luther-Rezeption.* In: Verantwortung, Juni 2014
Perels, Joachim: *Der Nationalsozialismus als Problem der Gegenwart,* Frankfurt am Main 2015
Ponnath, Heinz: *Ein schändliches Urteil – Für den BGH war Bonhoeffer Hochverräter,* Weinsberg 1995
Prantl, Heribert: *Vom großen und kleinen Widerstand – Gedanken zu Zeit und Unzeit,* München 2018
Ramm, Hans-Joachim: *„… stets einem Höheren verantwortlich" – Christliche Grundüberzeugungen im innermilitärischen Widerstand gegen Hitler,* Neuhausen/Stuttgart 1996
Riebling, Mark: *Die Spione des Papstes – Der Vatikan im Kampf gegen Hitler,* München 2017
Schlingensiepen, Ferdinand: *Dietrich Bonhoeffer 1906-1945 – Eine Biographie,* München 2006
Schminck-Gustavus, Christoph U.: *Der „Prozess" gegen Dietrich Bonhoeffer und die Freilassung seiner Mörder,* Bonn 1996
– Der Tod auf steilem Berge, Bremen 2020
– Helfen verboten? – Harald Poelchau (1903-1972) Gefängnisseelsorger in Berlin – eine Dokumentation, Joannina (Eigenverlag Christoph Schminck-Gustavus)
Sifton, Elisabeth/Stern, Fritz: *Keine gewöhnlichen Männer,* München 2013
Smid, Marikje: *Hans von Dohnanyi – Christine Bonhoeffer. Eine Ehe im Widerstand gegen Hitler,* Gütersloh 2002
Suhr, Heiko/Traeckner-Probst, Isabel: *Wilhelm Canaris – Ein neuer Blick, eine Annäherung und eine persönliche Wiedergutmachung,* Norderstedt 2020
Suhr, Heiko: *Admiral Wilhelm Canaris,* Großefehn (Eigenverlag, Magisterarbeit) 2009
Thies, Jochen: *Die Dohnanyis – Eine Familienbiographie*, Berlin 2004
Thun-Hohenstein, Romedio Reichsgraf von: *Hans Oster – Versuch einer Lebensbeschreibung,* Kiel 1980 (Dissertation, Eigendruck)
Tietz, Christiane: *Dietrich Bonhoeffer – Theologe im Widerstand,* München 2013
Wind, Renate: *Dem Rad in die Speichen fallen – Die Lebensgeschichte des Dietrich Bonhoeffer,* Weinheim [5]1993

Weblinks

Siegfried Kratzer: *Virtueller Rundgang durch den Arrestbau der KZ-Gedenkstätte Flossenbürg*, https://youtu.be/LBpxN-vXiX0
Siegfried Kratzer: *Die letzten Tage von Dietrich Bonhoeffer – Vortrag zum 75. Todestag von Dietrich Bonhoeffer*, https://youtube/1d0gOhKk4kY

Dank

Mein Dank für die kritische Durchsicht und die notwendigen Korrekturen gilt dem Rechtshistoriker Prof. Dr. Christoph Schminck-Gustavus, dem Historiker Dr. Heiko Suhr, meinem Freund Karl Kirch sowie meiner Frau und unseren beiden Kindern Felix und Julia. Nicht zuletzt danke ich in besonderer Weise meinem Lektor und Verleger Helmut Donat für seine gewissenhafte, sorgfältige Arbeit und die fachlich fundierte, freundschaftliche Begleitung meines Vorhabens.

Bildnachweis

Bildagentur bpk: S. 53, 81
Familien Bonhoeffer und Bethge: S.9 links
Privatarchiv Klaus von Dohnanyi, Hamburg: S. 42, 45, 79
Donat Verlag, Bremen: S. 9 rechts; S 19, 26
Gedenkstätte Deutscher Widerstand, Berlin: S. 13, 15, 16, 21, 22, 25, 71
Gedenkstäte Sachsenhausen: S. 64
Houghton Library, Harvard Library: S. 47
Linda von Keyserlingk-Rehbein, Passau: S. 8
Siegfried Kratzer, Amberg: S. 7, 50
National Archives, Washington, D.C.: S. 58
Christoph Ranzinger, München: S. 62
Christoph U. Schminck-Gustavus, Bremen: S. 63

Wir danken allen Leihgebern für Ihre Hilfe und die Abruckgenehmigung. Leider war es nicht in allen Fällen möglich, die Inhaber der Bildrechte zu ermitteln. Wir bitten deshalb gegebenenfalls um eine Mitteilung.

Zu den Autoren

Siegfried Kratzer ist 1947 in Herrieden bei Ansbach geboren. Seine Kindheit verbrachte er im mittelfränkischen Bechhofen a.d.Heide, die Jugendzeit in Amberg/Opf. Nach dem Abitur studierte er in Nürnberg Lehramt für Volksschulen und war mehrere Jahre Lehrer in Grafenwöhr. Als Seminarrektor und Studienseminarleiter übernahm er die Ausbildung von Hauptschullehrerinnen und Hauptschullehrern; zugleich war er über 20 Jahre lang verantwortlich für die Ausbildung aller staatlichen Religionslehrkräfte an Grund- Haupt- und Förderschulen in der Oberpfalz. Als Vorsitzender des Evangelischen Bildungswerkes Oberpfalz engagierte er sich über Jahrzehnte hinweg in der konfessionellen und ökumenischen Erwachsenenbildung.

Im Auftrag der Evangelischen Landeskirche Bayern ist er seit 1991 Redaktionsmitglied der ökumenischen Verbandsbeilage „Begegnung & Gespräch" (www.begegnung-online.de). Nach der zufälligen Begegnung mit dem ihm bis dahin unbekannten Richter Otto Thorbeck, der das Todesurteil über die Widerstandsgruppe um Wilhelm Canaris sprach, haben ihn Leben, Werk und theologischer Wandel von Dietrich Bonhoeffer und der anderen Widerstandskämpfern nicht mehr losgelassen. Mehrere Artikel, Vorträge und eine Führung zum Arrestbau Flossenbürg finden sich auf Youtube.

Helmut Donat, Jg. 1947, in Bremen zu Hause. Bankkaufmann, Pädagoge, Historiker, Verleger und freier Autor. Stets um eine Revision des deutschen Geschichtsbildes bemüht, zahlreiche Veröffentlichungen zu Themen des Militarismus und Pazifismus, zum Völkermord an den Armeniern und zu Historikerdebatten über die Ursachen und Folgen von 1933. Mehrfach ausgezeichnet, u. a. mit dem Carl von Ossietzky-Preis der Stadt Oldenburg.